Reinhard
Kekule

, Richard
Scho

ne

Die Balustrade des Tempels der Athena

Nike in Athen

Reinhard
Kekule

, Richard
Scho
̈

ne

Die Balustrade des Tempels der Athena
Nike in Athen

ISBN/EAN: 9783744607209

Hergestellt in Europa, USA, Kanada, Australien, Japan

Cover: Foto ©ninafisch / pixelio.de

Weitere Bücher finden Sie auf **www.hansebooks.com**

DIE BALUSTRADE

DES

TEMPELS DER ATHENA-NIKE

IN ATHEN

VON

REINHARD KEKULÉ

~~~~~~~~

MIT EINER AUFNAHME DER TERRASSE DES TEMPELS

UND

DREI TAFELN ABBILDUNGEN IN STEINDRUCK

LEIPZIG

VERLAG VON WILHELM ENGELMANN

1869

DEM THEUEREN

ALLVEREHRTEN LEHRER UND MEISTER

FRIEDRICH GOTTLIEB WELCKER

ZUGEEIGNET

Vorrede.

———

Auf den Antrag von Leo von Klenze übertrug ein königlich
griechisches Decret vom ⁴/₁₆. September 1834 Ludwig Ross die Lei-
tung der Ausgrabungen auf der Akropolis und ordnete ihm die
Architekten Kleanthes und Eduard Schaubert bei. Die Arbeiten,
bei welchen hier statt Kleanthes Christian Hansen thätig war, be-
gannen mit der Abtragung der türkischen Bastion vor den Propyläen. Es muss eine wundervolle Zeit für Ross und seine Freunde
gewesen sein, die ihn für manche spätere Enttäuschung auf grie-
chischem Boden entschädigt haben mag, als sie die Reste des von
den Türken in eine Bastion verbauten Tempels der Athena - Nike in
so grosser Menge wiederfanden und die Stelle des Tempels so deutlich erkannten, dass der Gedanke gefasst und ausgeführt werden
konnte, den Tempel auf seinen alten Fundamenten wieder aufzu-
richten. Es ist dem treuen Forscher wohl zu gönnen, dass sein
Name mit diesem Monument auf einer der von der Natur am mei-
sten begünstigten Stellen Griechenlands und einem für jeden Freund

des Altertums so ehrwurdigen Boden auf lange Zeiten hin verbunden sein wird.

Die Darlegung ihrer Arbeiten und deren Resultate gaben Ross, Schaubert und Hansen in dem ersten Hefte eines grösser angelegten, leider nicht fortgesetzten Werkes [Die Akropolis von Athen nach den neuesten Ausgrabungen. Erste Abtheilung: der Tempel der Nike apteros. Berlin 1839. Fol.]. Daneben kommen andere Aufnahmen, von Kousmine [Atti dell' accademia pontif. IX p. 153 ff.] und Lenoir [Monuments inédits publiés par la section française de l'Institut archéologique 1837 pl. 7. Nouv. Annales I p. 299—312], kaum in Betracht. »Bereits zu Anfang des Junius 1835, erzählt Ross, wurde in der Nähe des Siegestempels eine grosse Platte aus pentelischem Marmor mit geflügelten Niken in Hautrelief gefunden, welche, während sie einerseits durch ihren Gegenstand offenbar in irgend einer Beziehung auf den Tempel zu stehen schien, andererseits doch vermöge ihrer Grössenverhältnisse unmöglich an einem so kleinen Gebäude angebracht gewesen sein konnte. Ihre Bestimmung war uns daher lange ein Rätsel. Im November des selben Jahres fand sich wieder die Hälfte einer zweiten entsprechenden Platte, und nachgehends, so wie der Abbruch der Batterie weiter in die Tiefe vorrückte, mehre kleine, zum Theil zusammenpassende Bruchstücke von einer ganzen Reihe ähnlicher geflügelter Niken in Hautrelief. Um die selbe Zeit überzeugten wir uns durch wiederholte vergleichende Messungen und durch gewisse Spuren auf der Oberfläche der marmornen Gesimsplatten längs der Nordseite des Unterbaues, dass diese Reliefs eine Balustrade bildeten, welche den nördlichen Rand des Unterbaues, von seiner N.W.-Ecke bis an die kleine Stiege

und von dort wieder bis an die N.O.-Ecke des Nikeltempels in Form
einer Attika bekrönte«.

Im Verlauf der späteren Ausgrabungen kamen einzelne neue
Bruchstücke dieser Reliefs zum Vorschein, ohne dass sich jemand
der Mühe unterzogen hätte, das Vorhandene zu verzeichnen. Erst
Adolf Michaelis gab im Jahre 1862 in der Archäologischen Zeitung
[No. 162 A. B] eine Uebersicht der ihm bekannt gewordenen, in der
Cella des Tempels aufbewahrten Fragmente und eine eingehende
Erörterung der selben.

Die folgenden Blätter, welche eine Ergänzung der Ross'schen
Publication bilden sollen — »so wie der Aehrenleser folgt dem
Schnitter« —, sind durch die Nachforschungen veranlasst, welche
im Winter ¹⁸⁶⁷/₆₈ Otto Benndorf und Richard Schöne auf der Akropolis mit mir gemeinsam in Betreff der Balustradenreliefs anstellten, und welche, von dem Ephoros der Altertümer in Grie-
chenland, Herrn P. Evstratiadis mit Liberalität gestattet und geför-
dert, durch Zusammensetzungen und durch Auffindung verlo-
rener und unbeachteter Stücke zu einigen nicht unbedeutenden
Resultaten geführt haben. Es ist nur zufällig, dass diese gemein-
schaftlich gefundenen Resultate dem Unterzeichneten zur Verwer-
tung zugefallen sind, welche wiederum nur dadurch möglich
wurde, dass Richard Schöne mit gewohnter Freundlichkeit von den
wichtigsten Stücken an Ort und Stelle für mich Zeichnungen nahm.
Er hat ferner durch Ueberlassung seiner Aufnahme der Terrasse
des Tempels und deren Erläuterung diesen Blättern ein weiter-
gehendes Interesse verliehen.

Möchten sie eine Anregung mehr dafür sein, bei künftigen Ausgrabungen und Nachforschungen auf neue Bruchstücke jener schönen Reliefs zu achten! — Ich hoffe, dass sich auch dann bei der Einordnung der selben meine Mittheilungen als verlässlich und förderlich erweisen werden.

Bonn den 4. November 1868.

Reinhard Kekulé.

I.

Die Vorschrift des Vitruv[1]) für die Befestigung »curandumque maxime videtur, ut non facilis aditus sit ad oppugnandum murum, sed ita circumdandum ad loca praecipitia et excogitandum, uti
portarum itinera non sint directa sed scaeva. namque cum ita factum
fuerit, tum dextrum latus accedentibus, quod scuto non erit tectum,
proximum erit muro« findet sich durch die alten Burganlagen durchgängig bestätigt. Es wird nicht gelingen können, die ursprünglichste Befestigung der athenischen Akropolis vollständig nachzuweisen.
Während die früheren Neubauten die kriegerische Bestimmung der
Burg nie verleugnet hatten, wird durch Perikles eine entgegenstehende Auffassung geltend. Die Akropolis wurde fast ausschliesslich
Stätte des Cultus und der Kunst. Bei der Ausführung der grossartigen und kühnen Entwürfe des Mnesikles werden die alten Bollwerke weggeräumt, soweit sie sich nicht zur Stützung der neuen
Anlagen verwenden liessen. Nur hie und da bleiben die alten
Mauern, wie zum Gedächtniss der vergangenen Zeiten, neben den
glänzenden Marmorwänden und Marmorsäulen offen stehen. Aber
es ist an sich wahrscheinlich, dass jene so allgemein beobachtete
Sitte auch bei der Akropolis Anwendung fand. Es kommen damit die Gesammtanlage und einzelne Spuren durchaus überein[2]).
Pausanias beginnt seine Beschreibung der Burg mit den klaren

---

1) Vitruv I, 5, 2. Vgl. Promis, Alba Fucense p. 128 f.

2) Vgl. Leake, Topographie von Athen p. 242 f. der Uebersetzung von Rienäcker. Penrose, An investigation of the principles of Athenian architecture p. 2.

Worten ἐς δὲ τὴν ἀκρόπολίν ἐστιν ἔσοδος μία, ἑτέραν δὲ οὐ παρέχεται, πᾶσα ἀπότομος οὖσα καὶ τεῖχος ἔχουσα ἐχυρόν [1]). Die deutlichen Spuren des alten Weges auf dem Felsboden in der Nähe des heutigen Eingangs, unterhalb des vom Niketempel bekrönten Pyrgos, lassen keinen Zweifel, dass dies der von Pausanias genannte eine Aufgang sei [2]). Der Ankömmling kommt von Süden her und wendet sich dann, um zu den Propyläen hinanzuschreiten, östlich, stets die rechte Seite dem hohen Pyrgos zukehrend. Wie auch die alten Befestigungen an dieser Stelle gewesen sein mögen, es liegt kein Grund vor, anzunehmen, dass die Richtung des Aufgangs eine wesentlich verschiedene war, um so weniger, als an diese den Aufgang beherrschende, vorgeschobene Bastion Sage und Cultus auf bedeutsame Weise geknüpft ist. Hier stand Aegeus und schaute sehnsüchtig nach dem Segel des wiederkehrenden Sohnes; von hier stürzte er sich in die Tiefe [3]). Hier ist in der That die rechte Warte für die Herren der Burg. Das Auge schweift frei und weit über Land und Meer [4]). Freund und Feind wird nicht unbeobachtet nahen. Von hier erfolgte mit Steinen und Geschossen die entscheidende Abwehr des den steilen Weg heraufsteigenden und die unbeschildete Seite darbietenden Feindes. Dies war die Stelle, wo Athen

---

1) Pausan. I, 22.

2) Bursian, Rhein. Museum N. F. X (1856) p. 479.

3) Pausan. I, 22. ἐντεῦθεν ἡ θάλασσά ἐστι σύνοπτος καὶ ταύτῃ ῥίψας Αἰγεὺς ἑαυτόν, ὡς λέγουσιν, ἐτελεύτησεν.

Catull. 83, 240. at pater, ut summa prospectum ex arce petebat
anxia in adsiduos absumens lumina fletus,
cum primum infecti conspexit lintea veli,
praecipitem sese scopulorum e vertice iecit,
amissum credens inmiti Thesea fato.

Vgl. 207 ff. Plutarch. Thes. 22. τῇ δὲ Ἀττικῇ προσφερομένων ἐκλαθέσθαι μὲν αὐτόν, ἐκλαθέσθαι δὲ καὶ τὸν κυβερνήτην ὑπὸ χαρᾶς ἐπάρασθαι τὸ ἱστίον, ᾧ τὴν σωτηρίαν αὐτῶν ἔδει γνώριμον τῷ Αἰγεῖ γενέσθαι· τὸν δὲ ἀπογνόντα ῥίψαι κατὰ τῆς πέτρας ἑαυτὸν καὶ διαφθαρῆναι.

4) Vgl. A. Schöll in Förster's Bauzeitung 1841 p. 105. E. Curtius, Die Akropolis von Athen p. 10.

siegreich war: hier war das Heiligtum der Sieges-Stadtgöttin, der
Athena-Nike.

Die Göttin Nike, deren Gestalt uns aus den Kunstwerken so wohl
bekannt ist, gehört nicht zu den alten Cultusgöttern, deren Idee in den
ältesten mythologischen Naturanschauungen[1]) oder dem ursprüng-
lichsten häuslichen Gottesdienste wurzelt. Sie scheint fast weniger
durch die Dichtung geschaffen zu sein, als durch die bildende Kunst,
welche aus Anlass der Weihgeschenke für kriegerische Siege wie für
die vielen friedlichen Wettkämpfe beständig die Aufgabe vor sich hatte,
die Thatsache des Sieges bildlich und verständlich auszudrücken.
Sie fand die Lösung, indem sie, die poetische Personification dieses
menschlichen Begriffs des Sieges anwendend, den Sieg selbst dar-
stellte, dem Geschlechte des Wortes νίχη gemäss, eine Jungfrau mit
mächtigen Schulterflügeln — denn Nike naht rasch und wunderbar,
mit gewaltigem Flügelschlag heranrauschend —, und dieses einmal
gegebene Bild wurde in der Kunst festgehalten und es ist auch in den
mannigfachsten Anwendungen stets verständlich geblieben. Danach
wird uns die Nachricht, dass in der alten Kunstschule zu Chios oder
vom thasischen Maler Aglaophon Nike zuerst beflügelt dargestellt
worden sei, nicht unwichtig scheinen[2]). Aber es wird daraus nicht,
wie es nach den Worten selbst den Anschein hat, zu folgern sein,

---

1) Die entgegengesetzte Meinung Preller's, Gr. Mythl. I[1] p. 286: »Ihre (der Nike)
ursprüngliche Bedeutung ist wahrscheinlich der Blitz, daher sie unzertrennlich von
Zeus ist, dem ihre Mutter Styx sie beim Titanenkampf sendet« scheint mir nicht
begründet und von Preller selbst wieder aufgegeben zu sein. Vgl. Gr. Mythol. I[2]
p. 388. — Vgl. Petersen Gr. Mythol. (Ersch u. Gruber Encyklopädie Bd. 82) p. 218.

2) Schol. Aristophan. av. 574. νεωτερικὸν τὸ τὴν Νίχην καὶ τὸν Ἔρωτα
ἐπτερῶσθαι. Ἄρχεννον γάρ φασι τὸν Βουπάλου καὶ Ἀθήνιδος πατέρα, οἱ δὲ
Ἀγλαοφῶντα, τὸν Θάσιον ζωγράφον, πτηνὴν ἐργάσασθαι τὴν Νίχην, ὡς οἱ περὶ
Καρύστιον τὸν Περγαμηνόν φασιν. Vgl. Cramer, Anecd. III p. 366, 503. Ross,
Nikelempel p. 12, 20. Welcker, Kl. Schriften III p. 484. Brunn, Künstlergesch. I
p. 38 f. Gerhard, Ges. Abhandl. I p. 163. Müller, Kl. Schriften II p. 357. Dübner,
Schol. Aristoph. p. 485. Wie man auch über die Lesart des Schol. [Ἄρχεννός
φησι καὶ R] und den Namen bei Plin. 36, 11 [Archermus B] entscheiden wolle,
die Sache bleibt die selbe.

1*

dass vorher Nike unbeflügelt gewesen sei, sondern dass die der späteren Kunst geläufige Gestalt der Nike auf bestimmte Künstler zurückgeführt, ihre Erfindung einer historisch bestimmten und nicht einer undenkbar frühen Zeit zugeschrieben wurde. Aber durch die künstlerischen Darstellungen einer Siegesgöttin, welche bald den Sieger bekränzend oder geleitend, bald die Weihgeschenke aufstellend oder Tropäen errichtend und in den mannigfachsten symbolischen Thätigkeiten erscheint, und durch die daneben gehenden, doch verhältnissmässig nicht häufigen dichterischen Verwendungen der Göttin Nike kann die religiöse Auffassung, welcher Nike als eigne Gottheit ursprünglich fremd ist, zunächst nicht verändert werden. Der eigenste Gott eines Stammes, eines Volkes, eines Landes, einer Stadt ist jedesmal auch der Bürge des Sieges; je nach der Verschiedenheit des Cults sind alle Götter Gottheiten des Sieges, Leto [1], Artemis [2] und Apoll nicht weniger als Ares, Zeus und Athena. Aber es ist natürlich, dass, nach der Eintheilung der olympischen Götter und gemäss dem vorwiegenden Einflusse der attischen Culte auf Kunst und Litteratur, vor allem Zeus und Athena als solche Siegesgottheiten gelten. Dieser Gedanke findet, nachdem die Personification der Nike anerkannt und der künstlerische Sprachgebrauch allgemein gültig geworden ist, seinen natürlichen Ausdruck darin, dass Nike als Dienerin und Gehülfin sämmtlicher Götter erscheint; und es kann nicht auffallen, dass sie dabei, ebenso wie Eros, vervielfacht wird. Vor allem erscheint sie auf der Hand des siegbringenden Zeus und der Athena, sie selbst bekränzend oder von ihnen ausgehend. Die unzweifelhaft ältere Auffassung des selben Gedankens, dass der Sieg mit der Gottheit selbst identisch, dass er ein Theil ihres Wesens selbst sei, lässt sich für die anderen Götter nur vermuten; für Athena lassen deutliche Zeugnisse keinen Zweifel. — Die mytholo-

1) Bergk, Poetae lyr. (ed. III) p. 1163, 134. Τοῦτ' ἀπὸ δυσμενέων Μήδων ναῦται Διοδώρου — ὅπλ' ἀνέθεν Λατοῖ μνάματα ναυμαχίας.
2) Bergk, Poetae lyr. (ed. III) ebd. 135.

gische Persönlichkeit der Athena gewinnt dadurch einen eignen Reiz, dass die glänzende olympische Gottheit zugleich die Personification der Stadt Athen ist. Die schönen Reliefdarstellungen über den attischen Bundesschlüssen geben für diese attische Vorstellung, die ein fast vertrauliches Verhältniss zur Gottheit zur Folge hat, den anschaulichsten Beleg. Wenn irgendwo, ist bei Athena-Nike dieser Gedanke festzuhalten.

Sophokles im Philoktet lässt den Odysseus seine Schutzgottheiten anrufen [1]):

ἙΕρμῆς δ' ὁ πέμπων δόλιος ἡγήσαιτο νῷν
Νίκη τ' Ἀθάνα Πολιάς, ἣ σώζει μ' ἀεί

und in dem Scholion zu der Stelle wird ausdrücklich erklärt οὕτως ἡ πολιοῦχος Ἀθηνᾶ Νίκη καλεῖται ἐν τῇ Ἀττικῇ. Als »seine« Athena ruft sie der Chor in Euripides' Jon [2]) an:

---

1) Soph. Phil. 134.

2) Eurip. Ion. 451 ff. Athena selbst ist in der δέσποινα Νίκη bei Aristophan. Lys. 317 gemeint und in den Versen des Menander fr. 218 (4 p. 282) Mein.

ἩῊ δ' εὐπάτειρα φιλόγελώς τε παρθένος
Νίκη μεθ' ἡμῶν εὐμενὴς ἔποιτ' ἀεί

nach den Worten des Schol. Aristid. p. 301 Dind. λέγει δὲ τὴν Ἀθηνᾶν. Es ist demnach allerdings wol Παρθένος zu schreiben ; aber dieser poetische Ausdruck rechtfertigt keineswegs die Verwirrung der Παρθένος νικηφόρος des Parthenon mit der Athena-Nike des Niketempels. — Zu vergleichen ist noch Himer. or. 19, 3 .... τὴν θεῶν νίκην ὑμνήσωμεν καὶ παρεῖναι τῷδε καθικετεύσωμεν· Νίκη χρυσοπτέρυγε, Νίκη Διὸς τοῦ μεγάλου παῖ, εὐπατέρεια καὶ φιλόγελως· τούτοις γὰρ δὲ τοῖς ὀνόμασιν ἀγάλλει ἡ ποίησις, wo die Ausdrücke, mit Ausschluss des vorangestellten Νίκη χρυσοπτέρυγε, der Athena-Nike entsprechen. Auch die Verse des Bakchylides in der Anthol. Pal. VI, 313. Bergk, Poet. lyr. ed. III p. 1240

Κούρα Πάλλαντος, πολυώνυμε πότνια Νίκα, .
πρόφρων Κραναϊδῶν ἱμερόεντα χορόν
αἰὲν ἐποπτεύοις, πολέας δ' ἐν ἀθύρμασι Μουσᾶν
Κηίῳ ἀμφιτίθει Βακχυλίδῃ στεφάνους

scheinen sich, nach dem zweiten Verse, auf Athena-Nike zu beziehen. S. Meineke Delect. epigr. p. 187 f. Sie erscheint allerdings dann nicht mehr in der eigentlichsten Bedeutung.

6

σὲ τὰν ὠδίνων λοχιᾶν
ἀνειλείθυιαν, ἐμὰν
Ἀθάναν ἱκετεύω,
Προμηθεῖ Τιτᾶνι λοχευ–
θεῖσαν κατ᾽ ἀκροτάτας
κορυφὰς Διός, ὦ μάκαιρα Νίκα,
μόλε Πύθιον οἶκον,
Ὀλύμπου χρυσέων θαλάμων
πταμένα πρὸς ἀγυιάς,
Φοιβήιος ἔνθα γᾶς
μεσσόμφαλος ἑστία
παρὰ χορευομένῳ τρίποδι
μαντεύματα κραίνει,
σὺ καὶ παῖς ἁ Λατογενής,
δύο θεαὶ δύο παρθένοι,
κασίγνηται σεμναὶ τοῦ Φοίβου.

Ueber das Cultusbild dieser Sieges-Athena ist bei Harpokration eine wichtige Nachricht erhalten. Es heisst daselbst: Νίκη Ἀθηνᾶ Λυκοῦργος ἐν τῷ περὶ τῆς ἱερείας. Ὅτι δὲ Νίκης Ἀθηνᾶς ξόανον ἄπτερον, ἔχον ἐν μὲν τῇ δεξίᾳ ῥόαν, ἐν δὲ τῇ εὐωνύμῳ κράνος, ἐτιμᾶτο παρ᾽ Ἀθηναίοις, δεδήλωκεν Ἡλιόδωρος ὁ περιηγητὴς ἐν α περὶ ἀκροπόλεως [1]). Dies Bild also stellte die Kriegsgöttin in der Ruhe nach dem erfochtenen Siege dar, den Helm in der linken Hand, in der rechten den Granatapfel, das Symbol des friedlichen Gedeihens nach dem Siege. Es giebt kein sprechenderes Sinnbild der üppigsten Fruchtbarkeit als diese in der Reife aufbrechende Frucht mit ihren unzähligen Körnern [2]). — Die angeführte Notiz verbietet zu-

1) Vgl. Preller, Polemo p. 172. Harpokr. Ὑγίεια Ἀθηνᾶ. Λυκοῦργος ἐν τῷ περὶ τῆς ἱερείας. ἔστι δὲ ἐπώνυμον τῆς Ἀθηνᾶς· καὶ γὰρ Ὑγίεια καλεῖται καὶ Νίκη καὶ Ἱππία καὶ Ἐργάνη. Vgl. Photius und Suidas.
2) Vgl. Welcker, Götterlehre I p. 319. — Bötticher, Baumcultus p. 474 ff. erklärt sie als die dem Blute entsprossene Frucht. — Eine Nachbildung des attischen Xoanon der Athena-Nike in Olympia führt Pausanias mit folgenden Worten an (V, 26, 7) Πλησίον δὲ τῶν μειζόνων ἀναθημάτων Μικύθου ..... Ἀθηνᾶς ἄγαλμα ἔστηκε ..... παρὰ δὲ τὴν Ἀθηνᾶν πεποίηται Νίκη· ταύτην Μαντινεῖς ἀνέθεσαν, τὸν πόλεμον δὲ οὐ δηλοῦσιν ἐν τῷ ἐπιγράμματι. Κάλαμις δὲ οὐκ

gleich jeden Zweifel darüber, dass der von Pausanias genannte
Tempel der Nike apteros beim Eingange zu den Propyläen eben der-
jenige der Nike-Athena ist. Diese Bezeichnung ist im Gegensatze
zu der gewöhnlichen Vorstellung, welche die Niken nur geflügelt
kennt, leicht verständlich. Sie beweist ausserdem noch ausdrücklich, wiewohl dies keines Beweises bedarf, dass Athena als Nike-
Athena eben so wenig beflügelt ist, als in ihren übrigen Erscheinun-
gen. Daran können vereinzelte Missverständnisse, welche durch die
öfter ähnlich wiederkehrende epigrammatische Deutung der Νίκη
ἄπτερος veranlasst sind, schlechterdings nichts ändern [1]). Es lag die
Auslegung nahe, dass, während die gewöhnlichen Niken unstät um-
herflattern, diese ungeflügelte Athena-Nike ihre Stätte nicht ver-
lasse [2]), wie ein Bild des Ares in Sparta gefesselt war, damit der
hilfreiche Gott den Lakedämoniern nicht untreu werde [3]). Aber
mythologisch ist jene Erklärung ebenso wertlos, wie der Scherz
des Aristophon, dass die Götter dem Eros seine Flügel genommen
und der Nike gegeben hätten [4]). Die allgemeine Anerkennung der

---

ἔχουσαν πτερὰ ποιῆσαι λέγεται ἀπομιμούμενος τὸ Ἀθήνῃσι τῆς Ἀπτέρου καλουμένης ξόανον. Wenn es wirklich eine Nachbildung war, muss sie auch den
selben Sinn der Athena-Nike gehabt haben, und dafür scheint auch die Aufstel-
lung neben Athene zu sprechen. Aber etwas Sicheres lässt sich aus dieser Notiz
nicht folgern.

1) Schol. Demosth. 738, 14. Stark, Philolog. XIV (1859) p. 695. XVI (1860)
p. 96. — Dagegen Böllicher. Philol. XVII (1861) p. 389 ff,

2) Der selbe Gedanke in dem Epigramm Brunck adesp. 279. εἰς ἄγαλμα
Νίκης ἐν Ῥώμῃ, ἧς τὰ πτερὰ κεραυνῷ κατεφλέχθη
Ῥώμη παμβασίλεια, τεὸν κλέος οὔποτ᾽ ὀλεῖται
Νίκη γὰρ σὲ φυγεῖν ἄπτερος οὐ δύναται.

3) Pausan. III, 15, 7 .... τοῦ ναοῦ δὲ ἀπαντικρὺ πέδας ἐστὶν ἔχων Ἐνυά-
λιος, ἄγαλμα ἀρχαῖον. γνώμῃ δὲ Λακεδαιμονίων τε ἐς τοῦτό ἐστι τὸ ἄγαλμα καὶ
Ἀθηναίων ἐς τὴν ἄπτερον καλουμένην Νίκην, τῶν μὲν οὔποτε τὸν Ἐνυάλιον
φεύγοντα οἰχήσεσθαί σφισιν ἐνεχόμενον ταῖς πέδαις, Ἀθηναίων δὲ τὴν Νίκην
αὐτόθι ἀεὶ μενεῖν οὐκ ὄντων πτερῶν. τόνδε μέν εἰσιν αἱ πόλεις αὗται τὰ ξόανα
τὸν τρόπον ἱδρυμέναι καὶ ἐπὶ δόξῃ τοιαύτῃ.

4) Athenaeus XIII 563 b. Ἀριστοφῶν δ᾽ ἐν Πυθαγοριστῇ
Εἶτ᾽ οὐ δικαίως ἔστ᾽ ἀπεψηφισμένος

alten und engen Verwandtschaft der Athena mit Nike hat vermutlich auch in der systematisirenden Mythologie die Herleitung der Nike vom Giganten Pallas veranlasst, wie sie in der hesiodischen Theogonie[1]) und sonst ausgesprochen ist[2]). — Für den attischen Cult der auf der Burg verehrten Nike-Athena sind zwei lehrreiche inschriftliche Zeugnisse erhalten. Bei den Opferbestimmungen eines bei den Propyläen gefundenen Decrets[3]) heisst es πέμψαντες τὴν πομπὴν τῇ θε[ῷ, θυόντων τα]ύτας τὰς βοῦς ἁπάσας ἐπὶ τῷ βωμῷ τῆς ['Αθηνᾶς τῷ με]γάλῳ, μίαν δὲ ἐπὶ τῷ τῆς Νίκης, προκρί[ναντες ἐκ τῶν] καλλιστευουσῶν βοῶν καὶ θύσαντες τῇ[ι τε 'Αθηνᾷ τῇ] Πολιάδι καὶ τῇ 'Αθηνᾷ τῇ Νίκη κτλ. (es folgt die Bestimmung über die Vertheilung des Fleisches); in einer Ephebeninschrift[4]) ... συντελουμένης δὲ καὶ τῆς θυσίας τῇ 'Αθηνᾷ τῇ Νίκη συνεπόμπευσαν καλῶς καὶ εὐσχημόνως βοῦν συμπέμψ[αν]τες, ἣν καὶ ἔθυσαν [ἐν] 'Ακροπόλει τῇ[ι] θεῷ. Bei dem jährlichen Opfer der kleinen Panathenäen wurde also von den Opfer-

---

ὑπὸ τῶν θεῶν τῶν δώδεκ' εἰκότως "Ερως;
ἐτάραττε κἀκείνους γάρ, ἐμβάλλων στάσεις,
ὅτ' ἦν μετ' αὐτῶν, ὡς δὲ λίαν ἦν θρασὺς
καὶ σοβαρός, ἀποκόψαντες αὐτοῦ τὰ πτερά,
ἵνα μὴ πέτηται πρὸς τὸν οὐρανὸν πάλιν,
δεῦρ' αὐτὸν ἐφυγάδευσαν ὡς ἡμᾶς κάτω,
τὰς δὲ πτέρυγας ἃς εἶχε τῇ Νίκη φορεῖν
ἔδοσαν, περιφανὲς σκῦλον ἀπὸ τῶν πολεμίων.

1) Hesiod. Theogon. 383.
Στὺξ δ' ἔτεκ' 'Ωκεανοῦ θυγάτηρ Πάλλαντι μιγεῖσα
Ζῆλον καὶ Νίκην καλλίσφυρον ἐν μεγάροισι·
καὶ Κράτος ἠδὲ Βίην ἀριδείκετα γείνατο τέκνα·
τῶν οὐκ ἔστ' ἀπάνευθε Διὸς δόμος οὐδέ τις ἕδρη
οὐδ' ὁδός, ὅππῃ μὴ κείνοις θεὸς ἡγεμονεύῃ,
ἀλλ' ἀεὶ πὰρ Ζηνὶ βαρυκτύπῳ ἑδριόωνται.

2) Apollodor. I, 2, 5. Vgl. Cicero de nat. deor. III, 23.

3) Rangabé II, 814. Vgl. Bötticher, Philol. XVII p. 395 f. O. Jahn De antiquissimis Minervae simulacris atticis p. 14. 23.

4) Eph. 4098. Philistor I p. 40. 48. Vgl. Bötticher, Philolog. XXI p. 50. A. Mommsen, Heortologie p. 195.

kühen eine auserlesene der Athena-Nike an ihrem Altar dargebracht, alle anderen an dem grossen Altar der Athena Polias geschlachtet. Auch in dieser Opferbestimmung ist die enge Verbindung der als Polias und der als Nike gefassten Athena sehr deutlich.

Ausserhalb Athens ist der Cult der Athena-Nike nur für Megara ausdrücklich durch Pausanias' Worte bezeugt ᾠκοδόμηται δὲ ἐπὶ τῇ κορυφῇ τῆς ἀκροπόλεως ναὸς 'Ἀθηνᾶς ...... καὶ ἕτερον ἐνταῦθα ἱερὸν 'Ἀθηνᾶς πεποίηται καλουμένης Νίκης, καὶ ἄλλο Αἰαντίδος [1]). Es kann diese Nachricht bei der ursprünglichen Verwandtschaft der Athener und Megarer nicht auffallen. Im einzelnen ist es wol nicht bedeutungslos, dass Athena-Nike auch hier auf der Burg verehrt wird, und die Analogie dieser drei Tempel der Athena, der Athena-Nike und der Athena Aiantis, also doch wol einer mit dem Stammesheroen Aias verbundenen Athena, mit den drei hauptsächlichsten Tempeln der attischen Burg, denen der Parthenos, der Athena-Nike und der mit dem Stammesheroen Erechtheus verbundenen Polias, wird schwerlich trügerisch sein.

Für Athena als Siegesgöttin ist noch eine besondere Art der Vorstellung sehr lehrreich. Es ist die Darstellung eines Reliefs[2]) bekannt, auf welchem ein kleines stehendes Athenabild, mit Schild am Arm und Speer in der rechten Hand, auf einen Stamm gestellt ist, um welchen sich eine mächtige Schlange in die Höhe ringelt. An den Stamm ist ein grosser Schild angelehnt. Von links her naht eine Nike, mit dem Aplustre in der erhobenen linken Hand; mit der rechten füttert sie die Schlange. Zur Rechten steht ein bärtiger Krieger mit einem Palmzweige in der Hand. Es ist deutlich ein Weihgeschenk an Athena für einen Seesieg. Mit dieser auch sonst ähnlich wiederkehrenden Scene[3]) ist ein anderes Relief zu verglei-

---

1) Pausan. I, 42, 4.
2) Clarac pl. 223, 175. Müller-Wieseler, Denkm. d. a. K. I, 14, 48. Gerhard, Ges. Abb. I Taf. 23, 3. O. Jahn De antiq. Minervae simul. Taf. 2, 3. p̃. 15.
3) Museo Borbon. X, 15. Vgl. O. Jahn a. a. O. p. 25.

chen[1]), auf welchem eine Athenastatuette auf einer hohen Basis
aufgestellt erscheint. Am Boden liegt ein Panzer. Die Schlange
ringelt sich in die Höhe, und eine von rechts herzutretende Nike füttert sie aus einer Schale, in welche sie aus einer hoch erhobenen
Kanne eingiesst. Eine augenfälligere Analogie bietet ein drittes
Relief dar[2]). Hier steht rechts vom Stamme, um welchen sich die
Schlange ringelt, ein bärtiger Krieger. Hinter ihm wird sein Pferd
mit einem Begleiter sichtbar. Von links hat sich eine weibliche Figur
genaht, um die Schlange zu futtern. Aber während wir vorhin einen
Schild, dann einen Panzer zu Füssen des Stammes fanden, fehlt
hier das Bild der Göttin selbst; und statt dessen ist ein Panzer auf
den Stamm gestülpt und darauf ein Helm aufgesetzt. Ein Tropäon
ist an die Stelle des eigentlichen Götterbildes getreten. Dafür dass
dies Tropäon selbst als Götterbild gelten könne[3]), gewährt eine in
den letzten Jahren in Megara gefundene Vase mit roten Figuren
eine willkommene Bestätigung[4]). Den Mittelpunkt der auf der Vorderseite angebrachten Darstellung nimmt ein Tropäon ein; es wird
durch einen in einen Steinhaufen eingesteckten Pfahl gebildet, an
welchem dann Helm, Schild, vielleicht mit λαισήιον[5]), und Lanze
befestigt sind. Auf dies Tropäon zu fliegt eine Nike. Von links
her führt ein Jüngling in Pileus und Chlamys ein mit Opferbinden
geschmücktes, vorwärts in die Höhe springendes Opferthier herbei.
Es lässt sich nicht entscheiden, ob es ein Stier oder eine Kuh sei.
Weiter zurück sitzt zuschauend ein zweiter Jüngling mit bekränztem
Haupt; er hält zwei Speere in der Hand. Von rechts her endlich

---

1) Müller, Amalthea III Taf. V p. 48—52. Vgl. Kl. Schriften II p. 607—
610. Gerhard, Gesammelte Abhandlungen II Taf. 23, 6. O. Jahn a. a. O.
p. 23, 88.

2) Anc. Marbles II, 41. O. Jahn a. a. O. Taf. III p. 23. Gerhard, Ges.
Abh. II Taf. 23, 5.

3) O. Jahn a. a. O. p. 24 ff.

4) Arch. Zeitung 1865 Taf. 199, 3. O. Jahn a. a. O. Taf. III, 2 p. 24.

5) Heydemann, Arch. Zeitung 1868 p. 12.

führt ein dritter, gleichfalls bekränzter Jüngling einen Widder herbei. Es handelt sich offenbar um ein Siegesopfer vor dem als Gottheit selbst geltenden Tropäon. In der Mythologie gehen grossartige und tiefsinnige Gedanken und Bilder und sehr rohe Vorstellungen neben einander her und in einander über. Die einfachen rohen Bilder des Dionysos sind in den Monumenten sehr häufig. Es ist kein Grund einzusehen, warum es nicht ähnlich für Athena sein soll. Ein ausgeputztes Tropäon gewann die Aehnlichkeit der kriegerischen Göttin; es konnte eben sowohl wie die Palladien als ihr Bild gelten. — Demnach scheint die Deutung jenes Vasenbildes im wesentlichen und soweit sie in diesem Zusammenhange in Betracht kommt, durchaus sicher. Auch die Art des Opfers wird durch die homerischen Verse bestätigt [1])

οἳ δ' ἄρ' Ἀθήνας εἶχον, ἐυκτίμενον πτολίεθρον,
δῆμον Ἐρεχθῆος μεγαλήτορος, ὅν ποτ' Ἀθήνη
θρέψε, Διὸς θυγάτηρ, τέκε δὲ ζείδωρος ἄρουρα,
κὰδ δ' ἐν Ἀθήνης εἷσεν, ἑῷ ἐνὶ πίονι νηῷ·
ἔνθα δέ μιν ταύροισι καὶ ἀρνειοῖς ἱλάονται
κοῦροι Ἀθηναίων περιτελλομένων ἐνιαυτῶν.

Für eine speciellere Deutung ist kein Anhalt gegeben. Wenn eine besondere Athena gemeint sein sollte, so würde in diesem Falle die megarische Athena-Nike wenigstens näher liegen als die thebische Athena Onka, an welche sonderbarer Weise gedacht worden ist [2]). Dass es Theseus sei, welcher der Athena-Nike den marathonischen Stier darbringe, ist an sich wohl denkbar. Aber es wird durch das zweite Opferthier, den Widder, unwahrscheinlich [3]), welches eher auf eine allgemeinere Scene hinzuführen scheint.

Die vorstehenden Andeutungen schliessen natürlich nicht aus, dass im Fortgange der Zeit Nike in dem selben Sinne wie z. B. Eirene [4])

---

1) Il. B. 546. Vgl. O. Jahn a. a. O. p. 25.

2) Pervanoglu, Arch. Zeitung 1865 p. 68.

3) Arch. Zeitung 1868 p. 13. Die ebd. versuchte neue Deutung auf die isthmische Stele des Theseus scheint mir sehr unglücklich.

4) Brunn, Ueber die sogenannte Leukothea p. 16 f.

als eine selbständige Gottheit verehrt werden konnte. Es konnte dies in allgemeinem Sinne und in specieller Auffassung geschehen, und hier wird der Priester der olympischen Nike anzufuhren sein, welchen eine Sesselinschrift des Dionysostheaters erwähnt[1]). Aber die allgemeinste und häufigste Auffassung der Nike, vor allem in der bildenden Kunst, ist und bleibt, dass sie als Dienerin und Genossin der Götter erscheint und zum symbolischen Ausdruck des erlangten Sieges verwendet wird. Sie wird dann in einer fast spielenden Auffassung mehr und mehr zum Gegenbilde des Eros und, wie bei den Eroten der späteren Kunst oft die eigentliche Bedeutung des Liebesgottes vergessen wird, so tritt sie auch bei Nike mitunter zurück[2]). Nike wird ferner, wie schon angedeutet, ebenso wie Eros vervielfacht, und gerade diese Vielheit giebt der Kunst Anlass zu den anmutigsten Compositionen. Wie neben der unendlichen Masse geflügelter Eroten vereinzelte male auch ungeflügelte Eroten vorkommen[3]), da die Gewohnheit diese selben Knabengestalten in den selben Stellungen und Thätigkeiten beflügelt zu sehen, über ihre Bedeutung keinen Zweifel aufkommen liess, so ist es denkbar, dass auch Nike einmal ungeflügelt vorkommen könnte. Aber es hat dies keinen Zusammenhang mit der missbräuchlich Νίκη ἄπτερος genannten Athena-Nike, sondern es könnte nur als Nachlässigkeit oder Caprice des einzelnen Künstlers verstanden werden. Eine solche ungeflügelte Nike ist mythologisch eben so gleichgültig, als es eine geflügelte Hebe sein würde[4]).

---

1) Ephem. 1862 p. 142.

2) O. Jahn, Arch. Beiträge p. 106.

3) O. Jahn, Arch. Beiträge p. 247 ff.

4) Die Worte im Text sind veranlasst durch die bei Gerhard Gesam. Abhandl. I Taf. XI, 6 aus Millingen Ancient Coins pl. II, 2 entnommene Münze von Terina, in welcher, abweichend von den übrigen Münzen, eine ungeflügelte Frau mit Zweig in der rechten Hand dargestellt und als ΑΛΣΜ bezeichnet ist. Ich hatte mich über diese Münze der folgenden freundlichen Belehrung Dr. J. Friedländer's zu erfreuen: »Die Münze ist unzweifelhaft. Mionnet hatte schon im Jahre

In den Denkmälern sind Nachbildungen des alten Cultusbildes der Nike-Athena, welches Helm und Granate in den Händen hielt, bisher noch nicht nachgewiesen worden, wie überhaupt die bildende Kunst die siegreiche Athena nur selten als eine einzige Persönlichkeit, als eine mit Nike identische Nike-Athena dargestellt zu haben scheint. Es ist hier ein grosser geschnittener Sarder des Berliner Museums anzuführen, welcher von Tölken[1]) wie folgt beschrieben wird: »Minerva sitzt auf einem Felsen, der wahrscheinlich die Akropolis von Athen andeuten soll, und verzeichnet auf einen Schild, welchen sie auf ihr Knie gestützt vor sich hält, einen Sieg; hinter ihr eine Säule, auf deren Kapitell die Eule sitzt«. Ferner ein geschnittener Karneol in der Sammlung Martinetti[2]. Vor einem Baumstamme, an welchem Panzer, Lanze, Schwert, Helm und Beinschiene angebracht sind, und auf dessen Zweig eine Eule sitzt, steht Athena und schreibt auf den Schild, den sie auf einen Ast des Baumes aufstützt. Endlich ein dem vorigen Steine ähnlicher, nur oberhalb erhaltener Onyx[3]).

Das Motiv des Schreibens auf den Schild, in den beiden letzten Gemmenvorstellungen auch das Gesammtmotiv, ist den sehr häufigen ähnlichen Darstellungen der Nike entlehnt. Es ist begreif-

---

1806 eine ähnliche bekannt gemacht (Th. I p. 201). Ausser ihr giebt es noch eine der nemlichen Stadt, auf welcher die sitzende Frau ebenfalls keine Flügel hat, eine Patera hält, und von einer kleinen hinter ihr schwebenden Nike bekränzt wird. Diese Frau hat TEPINA neben sich, während neben dem Kopf der Vorderseite TEPINAIΩN steht. Diese Frau der zweiten Münze (bei Millingen a. a. O. no. 3) kann man also für die Stadttyche halten.« — Auch hier wechselt also die Stadtgöttin als Siegesgottheit mit Nike selbst; und es scheint mir nicht unwahrscheinlich, dass die als Nika bezeichnete Frau eben eine Τερίνα–Νίκα ist.

1) Tölken, Verzeichniss der antiken vertieft geschnittenen Steine der Kgl. preussischen Gemmensammlung p. 125 no. 327. Vgl. Winckelmann, Catalogue des pierres gravées etc. Cl. II, 209.

2) Helbig, Impronte dell' Istituto VII no. 40. Der Stein soll in Rom bei Porta S. Giovanni gefunden sein.

3) Millin, Pierres gravées 17 p. 42—46.

lich, dass die bildende Kunst die andere Form des Ausdrucks für die selbe Anschauung, die Darstellung der Athena als νικηφόρος vorzog. Durch des Phidias Parthenos ist die, die Nike auf der Hand tragende Athena einer der beliebtesten Gegenstände geworden; und die verschiedene Art der Vereinigung der Nike mit ihrer Herrin bot Anlass zu den mannigfachsten Wendungen des selben Gedankens. — Auch die selbständige Nike hat in der bildenden Kunst eine sehr reiche Entwicklung gefunden. Es giebt — ausser Eros — keine kunstmythologische Figur von gleicher Fügsamkeit, die in den verschiedenartigsten Situationen und zum Ausdruck der verschiedenartigsten Beziehungen mit gleicher Deutlichkeit und mit gleicher Freiheit verwendet werden konnte. Diese Freiheit offenbart sich auch in der Weise der Darstellung selbst. Nike trägt bald die eigentlichsten Zeichen des Sieges, Kranz und Tänie, bald, indem sie die bedeutungsvolle Dienerin der Götter ist, die gefüllte Kanne um ihnen einzugiessen oder zu spenden, oder den Heroldstab. Sie erscheint als mächtige Jungfrau, und in der Kleinheit eines Kindes, in den feierlichen zierlichen Kleidern, wie sie die altertümliche Kunst liebte, in den frei und grossartig componirten Gewändern der Zeit der Vollendung, und endlich unverhüllt im Schmuck der eigenen Schönheit. Ebenso mannigfach ist die Anordnung und der Schmuck des Haares. Ein bestimmter Typus des Kopfes hat sich für die ältere Kunst noch nicht nachweisen lassen. Denn so zahlreich die Darstellungen sind, so gehören sie zumeist Kunstgattungen an, welche einen individuellen Gesichtstypus nicht geben konnten und wollten. Auch die Reliefs der vollendeten Kunst gehen über den einfachen allgemein attischen Typus nicht hinaus. Dagegen wurde im Verlauf der Kunst, nicht nur für das Gesammtmotiv einzelner Statuen, sondern für die Gesichtsbildung der Nike überhaupt, das Ideal der Aphrodite massgebend, welches im späteren Altertum eben so sehr vor den übrigen Göttertypen bevorzugt gewesen zu sein scheint, wie dies in moderner Zeit geschieht.

II.

Es wird nach den glänzenden Untersuchungen Böttichers nicht mehr geleugnet werden können, dass in der Wahl des Baustils für die griechischen Tempel in der Blütezeit der Kunst nicht Willkür und Laune entschied, sondern die Rücksicht auf die Eigentümlichkeit des Cultus und die Kunstform, in welcher er von Alters her überliefert war. Während der Parthenon, der in ganz anderem Sinne ein Tempel ist, als das altattische Heiligtum der Polias, in dorischer Weise erbaut ist, gehört der Poliastempel dem ionischen Stile an. Ebenso der Tempel der Nike-Athena, der auf den alten Grundlagen durch Ross und seine Freunde wieder aufgerichtet worden ist. Es ist diese Gemeinsamkeit des Stils mit dem Erechtheion, im Zusammenhange mit den früheren Andeutungen über die Verwandtschaft der Athena-Polias und der Athena-Nike, wie sie sich auch in der Opfergemeinschaft aussprach, nicht ohne Bedeutung[1]). Der Gedanke, dass der Cult der sich an dieses Heiligtum der Athena-Nike anknüpft, ein uralter und specifisch attischer sei, wird dadurch von einer ganz andern Seite her aufs neue wachgerufen. Es ist ein sehr kleiner, zierlicher Tempel, ein amphiprostylos mit je vier Säulen an der Ost- und Westfront[2]). Dach und Giebel konnten nicht aufgerichtet werden. Auch der ringsum laufende ionische Fries ist nicht vollständig, aber doch zum grösseren Theil erhalten; und

---

[1]) Vgl. Bötticher, Philolog. XVII p. 402 f.
[2]) Ross a. a. O. p. 11. Taf. I—X.

über seine Vertheilung kann in der Hauptsache kein Zweifel sein [1]). Von den elf erhaltenen Platten sondern sich zwei grosse Platten nebst zwei Eckstücken, welche Kämpfer zu Fuss enthalten, und wiederum zwei Platten, nebst einem Eckstück, mit Götterfiguren, leicht und sicher als der Ost- und Westfront angehörig aus. Ebenso unzweifelhaft ist es, dass die Götterfiguren an die Ostfront zu setzen sind, und dies wird auch durch die nicht sehr genauen, aber keiner Missdeutung unterworfenen Worte Spon's bestätigt, der mit Wheler an der Ostfront vorübergekommen sein muss [2]). Schwieriger ist die Vertheilung der Platten an den beiden Langseiten, aber auch hier sind wenigstens einige feste Punkte durch die Eckstücke gegeben. Ross [3]) bemerkt, dass, da die sechs in seiner Publication mit $a\ l\ m\ o\ e$ und g bezeichneten Stücke, welche Reiterkämpfe zeigen, zusammen eine Länge von 9,118 M. bilden, die Längenseite des Frieses aber nur 7,916 beträgt, auf beiden Längenseiten Reiterkämpfe dargestellt gewesen seien, und er vertheilt dem gemäss die Platten auf folgende Weise: Südseite l, m, eine fehlende Platte [n], o, a; Nordseite: die fehlende Eckplatte [d], e, f, g, h. Ross selbst hebt den auffälligen Umstand hervor, dass alsdann auf beiden Langseiten der nemliche Reiterkampf erscheint, aber durch den Fusskampf der Westseite auseinander gerissen ist. Dagegen ist von

---

1) Ross a. a. O. p. 11—17. Taf. XI. XII. Vgl. Ancient marbles in the British Museum. IX, 7—10.

2) Spon, Voyage d'Italie u. s. w. (Lyon 1678) p. 137 »Après que l'on a passé le vestibule, et qu'on est entré tout-à-fait dans la citadelle, on trouve à main droite le temple que Pausanias y a marqué fort precisement . . . . . Ce petit temple est donc celui que Pausanias appelle le temple de la Victoire sans ailes . . . . . (p. 139) Ce temple est d'ordre Ionique avec de petites colonnes canelées, et la frise chargée d'un bas-relief de petites figures d'assez bonne main, dont il y en a une assise, et neuf ou dix debout devant et derrière. Il n'a qu'environ quinze pieds de large, et il sert maintenant aux Turcs de magazin à poudre.« Ueber den in den letzten Worten enthaltenen Irrtum vgl. Laborde Athènes au XV⁰ XVI⁰ et XVII⁰ siècle II p. 115—117. 141.

3) Ross a. a. O. p. 11.

Hawkins [1]) hervorgehoben worden, dass die Platten *g* und *o* sich zu
entsprechen und ein und der selben Seite anzugehören scheinen. Es
kann dies auf verschiedene Art erreicht werden. Das wahrschein-
lichste scheint mir, dass zunächst die Platten *m* und *g* zu vertau-
schen sind; aber die beiden Platten *g* und *o* sind nicht so zu stellen,
dass die zwei sich entsprechenden persischen Reiter sich nach
dem Centrum des Frieses wenden — denn dies würde das An-
sehen eines siegreichen Angriffs von Seiten der Perser geben —,
sondern derart, dass sie nach den Friesenden gerichtet sind, wie
dies dem Versuche der Vertheidigung gemäss ist. Endlich scheint zwischen diese beiden Platten noch die fragmentirte Platte *e* einzuschie-
ben. Die Südseite würde demnach enthalten: die Eckplatte *l*, ferner
g, e, o, die Eckplatte *a*, und diese Seite wäre fast vollständig; die
übrigen Stücke gehören dann der Nordseite an, welche sehr unvollständig erhalten ist. Durch diese Anordnung gewinnen wir zunächst
die Beschränkung der eigentlichen Reiterkämpfe auf die eine Südseite. Denn die beiden ledig davon springenden Pferde der Platte *m*,
welche Ross als zum Reiterkampfe gehörig ansah, sind von diesem
doch wesentlich verschieden. Wir gewinnen ferner eine sich durchaus zusammenfügende Composition der Südseite. — Für die Nordseite ist die Eckplatte *h* fixirt. Daran würde sich *m* passend anschliessen. Sonst fehlt zu viel, und auch die wenigen vorhandenen
Stücke sind zu wenig glücklich erhalten, um über diese Seite, ehe
neue Entdeckungen zu Hülfe kommen, mit einiger Sicherheit urteilen zu können. Ueberhaupt macht eine eingehendere Auslegung
des ganzen Frieses grosse Schwierigkeit.

An der Ostfront ist eine Götterversammlung nicht zu verken-
nen, aber die charakteristischen Attribute der einzelnen Gestalten
sind fast nirgends erhalten. Einige der Figuren hat schon Ross un-
leugbar richtig erkannt. Aber seine Gesammtdeutung leidet daran,
dass er das Wesen der Athena-Nike nicht scharf erfasst hatte, son-

---

1) Ancient marbles IX p. 29.

dern nach Analogie des oben gelegentlich angeführten Scherzes des
Aristophon einen uns unbekannten attischen Mythos von der Νίκη
ἄπτερος voraussetzte und dargestellt glaubte, nach welchem Nike
ihrer Flügel beraubt worden sei. Er benennt die Figuren, von
links her, vom Beschauer aus gerechnet, wie folgt: Nike, noch geflügelt, zwischen zwei weiblichen Figuren; die drei Musen; En-
pheme, sitzend; Dionysos zwischen den beiden älteren Chariten
oder den Horen; Ares und Aphrodite; Poseidon; Athena; Zeus
und vor ihm Ganymedes; Apoll zwischen Leto und Artemis; Asklepios und Hygia; Iris, Hera und noch eine weibliche Figur —, endlich fehlen rechts vier bis sechs Figuren. — Eine ausführliche Deutung hat alsdann Gerhard[5]) gegeben, in welcher auch sofort das
auffälligste Versehen von Ross, die Verkennung des Eros auf dem
linken Eckstück, seine Berichtigung fand. Gerhard macht darauf auf-
merksam, dass nicht Zeus, sondern Athena den Mittelpunkt der
ganzen Composition bildet: demnach erkennt er als Gegenstand
der selben die erste Erscheinung der Athena unter den Göttern, ganz
in dem selben Sinne wie die Geburt der Athena in dem östlichen
Giebel des Parthenon dargestellt ist. Für die Benennung der einzelnen Figuren geht Gerhard aus von der überall unverkennbar
beabsichtigten, wenn auch nicht sehr strenge durchgeführten Symmetrie. Athena ist umgeben zunächst von Zeus, mit Ganymed,
und von Poseidon; die sitzende Frau auf der Seite des Zeus wird
Hera, die auf der Seite des Poseidon Amphitrite genannt. Den Grup-
pen von Artemis, Apoll und Leto, und von Asklepios und Hygia
entsprechen in deutlicher, aber freier Symmetrie Hermes und Hestia,
Demeter, Dionysos und Kora. Nach Amphitrite finden die beiden
attischen Horen, bei Aphrodite und Eros die beiden attischen Chariten ihre Stelle, während bei Hera ihre Töchter Hebe und Eileithyia
erkannt, und als fehlend die Parzen, Ares, Nike und Hephästos ver-

---

5) Annali d. J. (1842) XIII p. 61—73. Tav. d'agg. E (1841). Vgl. Ges.
Abhandl. I p. 199. 207. Taf. XVIII, 2.

mutet werden. Die Ansicht Gerhards, dass hier die erste Erscheinung, die Aufnahme der Athena unter die Götter dargestellt sei, scheint mir einer solchen Composition an dieser Stelle sehr angemessen und vor der von Friederichs[1]) nach einer Andeutung Welckers[2]) aufgestellten Erklärung, dass Athena in der Götterversammlung die Sache der Athener führe, im Zusammenhange mit den Kämpfen der übrigen Friesdarstellungen weitaus den Vorzug zu verdienen. Auch im einzelnen ist die Auslegung Gerhards so durchdacht und geschlossen, dass man sich ungern entschliesst zu widersprechen, ohne sicheres an die Stelle setzen zu können. Dennoch müssen die Schwierigkeiten, welche ihr im einzelnen entgegenzustehen scheinen, hier angedeutet werden. Es ist zunächst auffällig, dass Nike am rechten Ende eine so wenig betheiligte Stelle haben soll. Hier wo Athena als Siegesgottheit gelten muss, möchte man Nike entweder zwischen Athena und Zeus voraussetzen oder sie aufgeben und die in der Mitte stehende Athena in dem Sinne des Cults als Athena-Nike betrachten. Obwohl das Cultbild hier offenbar nicht nachgeahmt ist, wird doch die letztere Annahme deshalb vorzuziehen sein, weil, nach übereinstimmenden Berichten, am Original wie an den Abgüssen vor Zeus Reste männlicher nackter Beine erkannt sein sollen, welche auf Ganymed führen und Nike an dieser Stelle ausschliessen würden.

Ross erklärte die vierte Figur von Zeus rechts erst für weiblich, dann für männlich und Gerhard folgt ihm. Daraus ergiebt sich für diese Figur und die Frau, welche sie umfasst, die Deutung auf

---

1) Friederichs, Bausteine I p. 188.

2) Welcker, Alte Denkm. I p. 94, 19* .... Indessen scheint die Göttin stehend zwischen dem auf λίθοις ξεστοῖς thronenden Zeus und Poseidon, unter Theilnahme, und wie es scheint, dem Zuhören der andern Götter eher in einer gewissen bestimmten Function gedacht zu sein, wodurch jeder Bezug auf die Geburt wegfiele. Welche Handlung oder Vortrag, und ob die Athene überhaupt, die an einem Fries der Nike Apteros nicht befremden könnte, oder Nike Athene selbst Νίκης ᾿Αθηνᾶς ξόανον ἄπτερον gemeint sei, ist schwer zu sagen. «

2 *

Asklepios und Hygia. Aber nach den Formen und dem Gewand der sehr zerstörten Figur muss ich die erste von Ross gefasste Meinung für richtiger halten. Jedesfalls fehlt hier die sichere Grundlage der Gerhard'schen Erklärung, und wie diese beschaffen ist, wird sie durch den Zweifel an einer Figur auch im übrigen in Frage gestellt. Sie scheint mir die Sphäre der Deutungen richtig anzugeben. Aber sicher sind wol nur Zeus, Athena, Poseidon, Aphrodite, Eros und Peitho; wahrscheinlich Apoll zwischen Leto und Artemis. Für die von Gerhard Asklepios und Hygia genannte Gruppe könnte man an Demeter und Kora, oder Hera und Hebe denken. Weiter wage ich die Deutung nicht zu verfolgen [1]).

In den Kampfscenen auf der Westseite kämpfen deutlich Hellenen gegen Hellenen. Auf den Langseiten sind die Gegner Perser in ihrer orientalischen Tracht, zum Theil zu Ross und mit den Köchern an der Seite. Die früher öfters geäusserte Vermutung, dass Amazonen allein oder in Verbindung mit den Persern dargestellt seien, findet bei genauer Prüfung der Originale und der Abgüsse keine Bestätigung. Eine Anzahl dieser Figuren ist unzweifelhaft männlich; bei anderen könnte man zweifeln; aber keine einzige ist unzweifelhaft weiblich [2]).

[1]) Die von Lenormant bei Beulé, L'acropole I p. 238 f. und ebd. p. 240 von Beulé selbst versuchten Erklärungen lohnt es nicht zu referiren.

[2]) Die Worte des Textes scheinen im Widerspruch mit der in dem Archäol. Anzeiger 1866 p. 167 gegebenen Notiz zu stehen. Es ist mir leider nicht möglich darüber aus eigener Anschauung zu urteilen. Jedesfalls würde die Frage offen bleiben müssen, bis eine genaue Vergleichung der Maasse und der Arbeit die Zugehörigkeit jenes Bruchstücks unwiderleglich dargetban hat; und im Widerspruch mit der Angabe a. a. O. berichtet Hr. Dr. A. Holländer, welcher auf meine Bitte das unbedeutende und sehr zerstörte Bruchstück untersucht hat, es scheine ihm nicht ganz sicher, dass die für eine Amazone erklärte Figur in der That weiblich sei.

III.

Die Balustrade, welche den nördlichen Rand der Bastion bekrönte, wurde durch Reliefplatten gebildet, die durch Klammern verbunden waren. Die eine vollständige Platte hat 1,25 M. Länge auf 1,05 Gesammthöhe. Die Höhe der Relieffläche beträgt 0,90, die Dicke der Platte sammt dem unten und oben vorspringenden Rande 0,36, der vorspringende Rand von der Grundfläche aus, also die Gränze der Reliefhöhe, 0,12. In die Platten waren oben Gitterstäbe befestigt. Die eine vollständige Platte enthielt deren acht [1]).

Die bisher aufgefundenen Bruchstücke sind die folgenden [2]):

1. [11ᵃ. 11ᵇ.] Sitzende Athena. — Die über einander geschlagenen Beine sind abgebildet bei Ross Taf. XIII, E (vgl. Taf. IV p. 13) und in der Ephemeris Jahrgang 1843 am Ende; angeführt von Michaelis Arch. Zeitung 1862 p. 250 E. Dies Stück befand sich in der Cisterne. Das Fragment, welches die Fortsetzung des Schildes giebt und unten den selben Falz zeigt, schliesst nicht unmittelbar an, aber die Zusammengehörigkeit ist keinem Zweifel unterworfen; es lag an

---

1) Vgl. Ross, Niketempel Taf. XIII Aᵃ, Bᵇ. Michaelis a. a. O. p. 260.

2) Die in eckigen Klammern beigefügten Nummern sind diejenigen, mit welchen die Bruchstücke im Januar dieses Jahres bezeichnet wurden. — Pervanoglu im Bullettino 1868 p. 164 (Luglio) äussert sich wie folgt: »..... della quale (nemlich der Balustrade) i principali resti nota il Michaelis — e molti altri se no trovano sparsi qua e là sull' acropoli.« Diese Worte reizen zu mehreren Deutungen an. Jedesfalls wäre es sehr dankenswert, wenn der Schreiber dieser Notiz diese auf der Akropolis zerstreuten Reste, welche mir entgangen sind und deshalb nicht in den Niketempel gebracht wurden, genau verzeichnete. Bis dahin zweifle ich an seinen Entdeckungen.

der Nordostecke des Parthenon. — Der untere Rand ist erhalten. Das neue Fragment hat links keinen für den Ansatz zubereiteten Plattenschnitt, sondern ist glatt bearbeitet um sichtbar zu sein. — H. 0,48. — Abgebildet auf unserer Tafel 1, A. — Sämmtliche Zeichnungen, mit Ausnahme der nach den Abgüssen ausgeführten, verdanke ich meinem Freunde Richard Schöne.

2. [18.] Hoch auftretendes rechtes Bein. — Dies Fragment ist lithographirt in der Ephemeris des Jahres 1843 am Ende. Es befand sich in der Cisterne. Der untere Rand ist erhalten. — H. 0,54. — Abgebildet auf unserer Tafel 1, B.

3. [7ª. 7ᵇ. 7ᶜ.] Sitzende Athena. — Zu dem von Michaelis a. a. O. p. 251, 1 angeführten Fragment eines behelmten Kopfes mit Theil des Oberarmes und der Brust, auf welcher drei Bohrlöcher für die Aegis bemerkt werden, sind zwei neue Bruchstücke gekommen, ein Theil des Körpers, bereits früher im Niketempel, und ein Theil des Oberarms aus der Cisterne. Aus der Entfernung des Kopfes vom oberen Rande, von welchem ein kleiner Theil sammt dem Loch für den Stab erhalten ist, und aus der Bewegung ist deutlich, dass die Figur sitzt, und zwar hat es durchaus den Anschein, dass sie auf einem Schiffe sitze. Mit der erhobenen rechten Hand zog sie das Gewand in die Höhe. — Die Platte endigt links nicht im Plattenschnitt für den Ansatz, sondern bildet ein Eckstück. Auf der linken Seite ist ein, in den verschiedenen Fragmenten gleichfalls an einander schliessender linker Flügel erhalten. Es ist nicht unwahrscheinlich, dass der selbe zu der Figur gehörte, von welcher das hoch auftretende rechte Bein (No. 3) herrührt. — H. 0,71. — Abgebildet auf unserer Tafel I, C nebst Grundriss c.

4. [1.] Zwei Niken mit einer vorwärts in die Höhe springenden Kuh. Abgebildet bei Ross Taf. XIII, A. Vgl. Michaelis a. a. O p. 249 A. Die Ränder sind zum grossen Theil erhalten; die Seitenränder zum Ansatz zubereitet. Oben sind sieben Stablöcher erhal-

ten und rechts die Spur der Klammer. — H. 1,05. L. 1,25. —
Abgebildet, nach dem Gypsabgusse in Berlin, auf unserer Tafel I, D.

5. [10ᵃ. 10ᵇ. 10ᶜ.] Nach rechts (vom Beschauer aus) schreitende
Nike, welche einen länglichen Gegenstand, vermutlich eine Beinschiene, auf den Armen trägt. Zu dem von Beulé L'Acropole I
p. 253 und Michaelis a. a. O. p. 252 M angeführten Fragment sind
zwei, bereits früher im Niketempel befindliche Bruchstücke gekommen. Die Figur setzt das rechte Bein vor das linke. — H. 0,75. —
Abgebildet auf unserer Tafel II, E.

6. [6ᵃ. 6ᵇ. 6ᶜ. (?)] Nach rechts schreitende Nike, wie es scheint
mit Schild am linken Arme Zu dem von Beulé a a. O. p. 253 und
Michaelis a. a. O. p. 251 L angeführten Arme ist das anschliessende
Stück des linken Oberschenkels gekommen, welches bei dem Erechtheum lag. — H. 0,67. — Zu der selben Figur gehört vermutlich
noch das 0,36 hohe Bruchstück eines von Gewand umwallten Unterschenkels.

7. [16.] Nach rechts gewendete Figur mit Schild am linken
Arme. Vgl. Michaelis a. a. O. p. 251 K. — H. 0,45. — Abgebildet
auf unserer Tafel II, F.

8. [15ᵃ. 15ᵇ.] Nike, einen Helm am Tropäon befestigend. Die
Figur zu dem in der Arch. Zeitung 1862 Taf. CLXII, 2 abgebildeten
und von Michaelis ebd. p. 251 H (vgl. Ross Arch. Aufsätze I p. 116
Note 2) besprochenen kleinen Fragment des den Helm auf den Pfahl
setzenden Unterarms befindet sich in Abguss im Häuschen bei dem
Erechtheum. Das Original ist nicht mehr in Athen vorhanden. Oben
an dem kleinen Fragment ist der Rand mit dem kennbaren Stabloch
erhalten. — H. 0,80. — Abgebildet auf unserer Tafel II, G.

9. [4.] Nach links gewendete Nike. Abgebildet in der Ephemeris am Ende des Jahrgangs 1843 und in der Archäol. Zeitung
1862 Taf. CLXII, 1. Vgl. ebd. Michaelis p. 250 G und Beulé a. a. O.
p. 259. — Abgebildet, nach dem Gypsabguss in der französischen
Akademie zu Rom, auf unserer Tafel II. H.

10. [3.] Nach links gewandte Nike mit Beinschiene. Vgl. Michaelis a. a. O. p. 250 F. Friederichs, Bausteine I p. 193. Diese Figur war in mehrere Stücke zerbrochen und konnte nicht mehr vollständig zusammengesetzt werden. Es ist ein Theil des oberen Randes mit der Spur eines Stabloches erhalten. — H. 0,72. — Abgebildet nach dem früher, als die Figur noch etwas besser erhalten war, genommenen Gypsabgusse in Berlin, auf unserer Tafel II, J.

11. [20.] Linker Flügel und Theil des Gewandes einer nach rechts gewendeten Figur. Auf dem Flügel ist der Rest eines Ansatzes. Vgl. Michaelis a. a. O. p. 252 P. — H. 0,46.

12. [22.] Nach rechts gewandte Nike. Es ist die Brust mit den Ansätzen der Arme und einem Theil des Flügels und flatternden Gewandes erhalten. Auf der Brust ist das Gewand durch einen Gürtel gehalten, in welchem vorn zwei Bohrlöcher angebracht sind. Eine sehr ungenügende Skizze ist bei Heller, Archäologisch-artistische Mittheilungen über die Ausgrabungen auf der Akropolis 1835—1837 Taf. 5, a gegeben. — H. 0,35.

13. [21.] Nach rechts gewandte Nike. Es ist der rechte von Gewand umwallte Unterschenkel erhalten. Der Fuss fehlt; sonst beschädigt. — H. 0,37.

14. [25.] Rest eines rechten Flügels einer nach rechts gewendeten Figur. — H. 0,35.

15. [14.] Nike en face stehend, etwas nach rechts gewandt. Abgebildet bei Ross Taf. XIII D. Vgl. Michaelis a. a. O. p. 250 D. Das Fragment befand sich in der Cisterne. — H. 0, 53. — Abgebildet, nach dem Abgusse in Berlin, auf unserer Tafel III, K.

16. [13.] En face stehende Figur. Abgebildet bei Ross Taf. XIII, C, danach auf unserer Tafel III, L. Vgl. Michaelis a. a. O. p. 250 C. Dieses Fragment befand sich an der Nordseite des Parthenon. Es ist in Folge des Regens, dem es vermutlich seit sehr langer Zeit ausgesetzt war, etwas verwaschen. — H. 0,42.

17. [9.] Rechter Oberschenkel mit Gewand, von einer nach links schreitenden Figur. Dies Fragment befand sich an der Nordseite des Parthenon. — H. 0,51.

18. [5.] Nach links gewendete Nike. Zu dem in der Ephemeris am Ende des Jahrgangs 1843 in verkehrter Richtung gegebenen Oberteil, welches sich in der Cisterne befand, ist aus den Fragmenten im Niketempel selbst ein Stück des Unterkörpers gekommen. — H. 0,48. — Abgebildet auf unserer Tafel III, M.

19. [2.] Nike, nach links gewandt. Sie ist beschäftigt mit der rechten Hand ein aufgegangenes Band an der Sandale des rechten Fusses wieder fest zu binden. Abgebildet bei Ross Taf. XIII, B und danach öfter wiederholt. Vgl. Michaelis a. a. O. p. 250 B. Rechts ist die Ansatzfläche erhalten, unten und oben der Rand; oben sind zwei Stablöcher und die Spur der Klammer bemerkbar. — H. 1,25. B. 0,53. — Nach einer Photographie und dem in der französischen Akademie zu Rom befindlichen Abgusse abgebildet auf unserer Tafel III, N.

20. [27.] Sehr zerstörtes Köpfchen mit Haube; von einer nach rechts gewendeten Figur. In der Cisterne.

21. [17ᵃ.] Bruchstück eines linken Beines mit Gewand; auch der Rest eines Flügels ist erhalten. Vgl. Michaelis a. a. O. p. 252 O. Rechts ist die Ansatzfläche erhalten. — H. 0,44.

22. [17ᵇ.] Rest eines rechten Flügels. Oben ist der vorspringende Rand mit zwei Stablöchern und rechts die Ansatzfläche zum Theil erhalten. Dies Fragment gehört vermutlich zu der selben Figur wie No. 21. — H. 0,30.

23. [12.] Rest eines linken Unterschenkels mit Gewand, welches den unteren Theil frei lässt. Zwei Bohrlöcher an dem selben sind vermutlich für zur Sandale gehöriges Riemenwerk aus Bronze bestimmt. Dies ist das von Michaelis a. a. O. p. 252 unter N angeführte Bruchstück. — H. 0,42.

24. [**24.**] Rechter Theil einer Brust. — H. 0,15.

25. [**23.**] Theil des Leibes und des rechten Oberschenkels einer Figur nach rechts. Das Fragment lässt keine sichere Entscheidung über die Bewegung zu. — H. 0,16.

26. [**8.**] Nicht bestimmbares Bruchstück. Allem Anschein nach ist es ein Stück Leib und Theile der Oberschenkel einer nach rechts gewendeten Figur, und zwar geht der rechte Oberschenkel herab etwas rücklings, der linke war stark erhoben. Damit stimmen die Motive der Falten des Gewandes durchaus. Aber es sind dabei zwei Umstände zu beachten. Erstens ist ein Theil der Bodenfläche des unteren Randes erhalten, und der Raum ist demnach derart, dass das rechte Bein, um Platz zu finden, gekniet haben muss; auch stimmt damit die Richtung des Oberschenkels. Zweitens befindet sich zwischen den beiden Oberschenkeln, dicht an dem linken und mit diesem parallel, wie es scheint ein runder, mit Gewand umhüllter Gegenstand wie ein Pfahl (?). — H. 0,38.

27. [**26.**] Geringer, nicht sicher bestimmbarer Rest auf der Grundfläche. — H. 0,40.

28. Vielleicht gehört hierher ein unter den Propyläen, beim Ausgange (zur Burg) links eingemauertes Fragment. Dieses wird sich nur durch Herausnehmen aus der Vermauerung entscheiden lassen. Es ist das verstümmelte Untertheil einer en face, mit rechtem Spielbein stehenden Gewandfigur.

IV.

Aus der vorstehenden Mittheilung der vorhandenen Stücke ergeben sich ohne weiteres eine Reihe von Folgerungen. Die wichtigsten Figuren in jeder Beziehung sind die beiden sitzenden Athenen, an sich, und weil ihre Stellen fixirt sind. Das früher allein bekannte Stück der Athena (no. 3 Taf. I, C. c.) gehört nicht einer stehenden, sondern einer auf einem Schiffe sitzenden Figur an. Und zwar gehört diese Figur an das östliche Ende des von West nach Ost gehenden Haupttheils der Balustrade. Hier an der kleinen Treppe biegt die Balustrade nach Süden um, aber sie trifft nicht auf die Stufen des Tempels auf, sondern endigt frei mit der Platte der zweiten sitzenden Athena (no. 1 Taf. I A). Der früher allein bekannte Theil dieser Figur war trotz des Helmes auf dem Schoosse und der Reste der Rundung des Schildes als Athena nicht erkannt und nach einem unten bemerkten Falz an das Westende der Balustrade versetzt worden [1]. Aber dieses Argument ist nicht stichhaltig. Für die an jener Stelle befindliche Platte musste der Falz schief auftreffen, dagegen er gerade ist; und die Zusammensetzung lässt über Stelle und Bedeutung keinen Zweifel. Ausserdem ist für diese kleine Seitenbalustrade durch das Eckstück eine der Athene zugewandte, nach links gerichtete Nike sicher. Es ist wahrscheinlich die hoch auftretende (no. 2 Taf. I B). Für eine dritte Figur wird sich schwerlich hier der Raum finden. Hier also haben wir Athena mit dem Helm auf dem Schoosse,

---

[1] Ross, Nikotempel p. 18 Taf. IV.

insofern dem alten Cultbilde im Tempel selbst ähnlich, und ihr gegenüber, vielleicht den Kranz oder ein anderes Siegeszeigen in den
Händen haltend, eine Nike in einer Stellung, welche in der alten
Kunst als charakteristisch für den erlangten Sieg gilt. Sie ist, wenn
auch weniger gewaltsam, aus berühmten Statuen der siegreichen
Aphrodite und der Victoria von Brescia bekannt[1]). Die übrigen
Fragmente sind demnach vermutlich sämmtlich auf den von Westen
nach Osten gehenden Haupttheil der Balustrade zu vertheilen. Hier
ist ausser der auf dem Schiffe sitzenden Athena des Eckstückes keine
Stelle äusserlich bestimmt. Von dem was hier vorging sind zwei
Dinge deutlich. Erstens die Herbeiführung der Opferkuh. Zweitens
die Errichtung des Tropäons, um welche sich einige Figuren je nach
ihrer Richtung nach rechts oder links leicht anschliessen lassen. Es
fragt sich also, ob der Athena zunächst die Platte mit der Opferkuh
oder die Errichtung des Tropäons zu setzen sei. Auch darüber lässt
die Richtung der Figuren jener Platte keinen Zweifel. Sie sind nicht
wie man erwarten könnte nach links, nach der Athena zu gekehrt·
sondern nach rechts, von ihr abgewendet. Wenn also die Platte mit
der Kuh an das rechte Ende gesetzt wird, so schreiten die Figuren
ziellos ins Weite, abgekehrt nicht nur von der Göttin selbst, sondern
auch von der Errichtung des Tropäons. Es folgt aus dem allen, dass
jene Platte in die Nähe der Athena zu setzen ist. Das Opferthier
wird nach dem Tropäon hingeführt, welches eben in Folge der Hülfe
der Gottheit und zu ihrer und der Stadt, die sie darstellt, Ehre aufgerichtet wird; das Opfer soll in Gegenwart der Göttin vor dem
Tropäon vollzogen werden. Es kann dies nach dem oben bemerkten nichts auffälliges haben. Für den Raum nach der Platte mit der
Opferkuh rechts wird das Tropäon den Mittelpunkt gebildet haben,
und es ist durchaus wahrscheinlich, dass eine im Ganzen symme-
trische Anordnung statt fand. Der schönen Figur links zunächst an
dem Tropäon, welche den Helm befestigt (no. 8 Taf. II, G) entspricht

---

1) Vgl. O. Jahn, Archäol. Aufsätze p. 38.

die nach links gewandte (no. 9 Taf. II, II), mit den vorgestreckten
Händen, eine Bewegung, die sich alsdann leicht erklärt. Es entsprechen sich ferner die beiden Figuren, von denen die eine (no. 10
Taf. II, J) sicher eine Beinschiene, die andere (no. 5 Taf. II, E) einen
langen Gegenstand, wahrscheinlich eine Waffe, vielleicht ebenfalls
eine Beinschiene herbeibringt. Eine Schildträgerin (no. 7 Taf. II, F)
kommt von links herbei; eine zweite (no. 6) scheint ihr zu folgen.
Diesen beiden Figuren könnten von rechts her die eine (no. 18
Taf. III, M) in ruhiger Bewegung nach links gewandte Figur und
diejenige entsprochen haben, von welcher nur der rechte vom Gewand umwallte Oberschenkel erhalten ist. Im Ganzen hat es den
Anschein, dass bei dem Tropäon selbst grössere Ruhe herrscht, in
den entfernteren Figuren nach. links die Bewegung lebhafter wird,
am lebendigsten in den beiden Niken mit der Kuh, bis diese Bewegung in der ruhig dasitzenden Athena ihren Gegensatz findet. Dagegen scheinen die Figuren rechts vom Tropäon alle ruhiger. Auf
diese Seite, vermutlich sehr nahe an das westliche Ende, gehört
die berühmte Figur der Sandalenbinderin (no. 19 Taf. III, N). Es
sind sehr verschiedene Versuche gemacht worden, dieses Motiv aus
der Handlung des Opfers oder der Feier, in welcher die Niken be-
griffen sind, zu erklären. Man hat vermutet, dass sie ihre Sohlen
ablege, um in den Tempel zu treten [1]), dass sie vom raschen Fluge
eben angelangt nun beschäftigt sei, sich die καλά πέδιλα zu lösen [2]).
Die anderen Niken geben zu solchen Deutungen keine Berechtigung.
Die Erklärung von Ross, dass sie am Schuh etwas zu nesteln
scheine, scheint durchaus richtig und genügend; sie befestigt ein
los gewordenes Band der Sandale. Es ist kein mythologisches, sondern ein künstlerisches Motiv. Aehnliches ist aus den menschlichen
Figuren des Festzugs am Parthenonfries bekannt. In der Composition und der Auffassung des Balustradenreliefs ist kein Grund ge-

---

[1]) Preller, Griech. Mythologie I p. 389.
[2]) Michaelis a. a. O. p. 253.

geben, ein solches Motiv auszuschliessen. — Die Figur mit den
Kreuzbändern (no. 15 Taf. III, K) könnte vielleicht rechts vor der
Platte mit der Kuh eine passende Stelle finden; die ruhig stehende
(no. 16 Taf. III, L) vielleicht rechts vom Tropäon. Aber es fehlen
dafür, wie für die genauere Vertheilung der noch übrigen Bruch-
theile, von denen man geneigt sein wird die nach rechts gewandten
Figuren links vom Tropäon, die nach links gewandten rechts von
dem selben unterzubringen, die näheren Anhaltspunkte. Es bleibt
besonders das Fragment der nach rechts knieenden Figur (no. 16),
welches vor die Sandalenbinderin gestellt werden könnte, noch un-
erklärt zurück. Denn die einzige ungefähre Analogie, welche ich
anzuführen wüsste, die mit Thymiaterion knieende Nike[1]) bietet keine
Erklärung des an den Schenkel gepressten Gegenstandes. Es ist
überhaupt auffällig, wie wenig spätere Kunstwerke für die Wie-
derherstellung der Composition ausgeben; auch diejenigen, welche
offenbar mit direkter Beziehung auf dieselbe componirt sind. Am
deutlichsten ist dies der Fall bei einem schönen Relief der Glyptothek, welches, nach der Publication von Lützow, auf unserer Tafel
III n verkleinert wiederholt ist[2]). Die Mitte dieses Reliefs aus pentelischem Marmor und von guter Arbeit, nimmt eine bärtige Herme
ein, welche im Profil nach rechts gewendet ist. Von links her tritt

---

1) Clarac pl. 222, 306. Bouillon III pl. 15, 1 (basr.)

2) Lützow, Münchener Antiken Taf. 9 p. 19 f. Vgl. Brunn, Beschreibung
der Glyptothek no. 130, aus dessen Bemerkungen ich das folgende aushebe:
»II. 1,04. B. 1,40. Angeblich bei Neapel gefunden, dann im Besitz des Bildhauers
Antonio d'Este in Rom. Ergänzt sind an der Herme das Gesicht und die Geni-
talien, an der gerade stehenden Frau das Gesicht, der rechte Arm, die Finger der
linken Hand und einige Gewandfolten, an der gebückten die Nase, ein Theil des
Aufsatzes über der Stirn, das Ohr, die Spitzen der Brüste und einige Falten;
ausserdem ein Stück schräg durch den Grund und den Hermenschaft . . . . . .
Der flache Gegenstand in der linken Hand (der gebückten Frau) ist sicher kein
Fächerblatt, sondern wahrscheinlich eine zweite gerollte, nur im Reliefstyl flach
gebildete Binde . . . . . . Die Oberfläche dieser (selben) Figur hat durch Ueber-
arbeitung gelitten und ein zu scharfes Aussehen bekommen.«

eine weibliche Figur heran und schmückt das Haupt der Herme mit einer Binde. Die Figur rechts von der Herme hebt die ihr entfallene Binde mit den Zehen des rechten Fusses vom Boden auf und greift mit der Hand danach. Diese Figur kann fast als Replik der Sandalenbinderin bezeichnet werden. Dass sie, wie ihre Genossin, unbeflügelt ist, kommt dabei nicht in Betracht. Das Hauptmotiv ist durchaus das selbe. Aber der Künstler ist dennoch den Nachtheilen, welche eine nicht völlige getreue, sondern mit theilweiser Veränderung verbundene Reproduction mit sich zu führen pflegt — es wird kaum ein lehrreicheres Beispiel geben als der mit Benutzung der berühmten Sophoklesstatue des Lateran gearbeitete Aeschines des neapolitanischen Museums — nicht entgangen. Die Veränderung scheint fast gleichgültig. Aber, indem, dem veränderten Sinne gemäss, der rechte Fuss weniger stark erhoben, die rechte Schulter weniger stark gesenkt ist, als bei dem Original, wird das Gesammtmotiv weniger natürlich und lässig; die Falten zwischen den Beinen sind fester und geradliniger angezogen; die an dem Original mit dem bewundernswürdigsten Raffinement angeordneten Faltenmotive an dem Leibe verlieren dadurch, ebenso wie das Arrangement des Gewandes am rechten Arme, einen Theil ihres Reizes. Die ganze Figur ist auch auf dem Münchener Relief von ausserordentlicher Schönheit, aber es bleibt etwas gezwungenes zurück, wenn wir sie mit der vollkommenen und freien Meisterschaft ihres Vorbildes vergleichen. Weit ungezwungener erscheint die Figur zur Linken, welche selbständig componirt sein könnte. Die ihre Arme zum Tropäon vorstreckende Nike (no. 9 Taf. II, H), welche allein mit ihr verglichen werden kann, wird nicht einmal als eine Anregung dafür gelten dürfen. — Mit der in mehreren Exemplaren nachweisbaren Composition, welche als Nachbildung der beiden Niken mit der Kuh angeführt zu werden pflegt, verhält es sich ganz ähnlich. Das bekannteste Exemplar ist das im Vatican im Cabinet des belvederischen Apoll befindliche [1]). An diesem Exemplar, welches auf unserer Tafel I d in klei-

---

[1]) Visconti, Mus. Pio-Clem. V, 9 p. 63—69. Millin, Gal. myth. 54, 157.

nem Massstabe zur Vergleichung abgebildet ist, gehört die ganze
linke Hälfte moderner Ergänzung[1]). Die selbe ist ziemlich treu
nach einem früher in Rom, jetzt in Florenz befindlichen vollstän-
digeren Exemplar ausgeführt[2]). In dieser Composition, welche, wie

Vgl. Zoega in Welckers Zeitschrift p. 418. Beschreibung Roms II, 2 p. 158 f.
Michaelis a. a. O. p. 254. Es stammt aus der Terra di lavoro und ist aus pentelischem Marmor. Die Länge beträgt 1,77, die Höhe 0,90. Die Grösse entspricht
demnach derjenigen der Balustradenreliefs.

1) Nach der Untersuchung, welche meine Freunde die Bildhauer H. Ger-
hardt und Dr. E. Bormann für mich anstellten, sind modern: die ganze Figur
zur Linken; ferner an der Figur rechts: der Kopf, Hals, Brüste, die rechte
Schulter, die linke Schulter mit dem obersten Drittel des Oberarms, die rechte
Hand vom Gelenk an, das Thymiaterion mit Ausnahme des Stückes unterhalb der
Hand, die oberste Falte des Gewands über dem rechten Arme, der linke Unter-
arm, daneben die hervorragende Falte, ferner alle erhabenen frei stehenden Falten-
theile; am Stiere der linke Vorderfuss, die Oberfläche des rechten Beines von
unter dem Knie bis zum Boden; vom Stierkopfe ist nur das linke Ohr und die
linke Backe alt. Mit diesen Angaben stimmen im wesentlichen die von dem sehr
sorgfältigen Zeichner, Hrn. L. Schulz, in die Zeichnung eingetragenen Ergän-
zungen überein. — Danach ist also die Angabe von Friederichs, Bausteine I
p. 194 zu berichtigen.

2) Dieses Relief, von welchem durch die Güte des Hrn. Dr. R. Schöll eine
Skizze nebst genauer Notiz in meinen Händen ist, befindet sich in den Uffizien im
Cabinet des Hermaphroditen unter no. 331. Der Marmor ist, wie es scheint, pen-
telisch. Es misst 0,67 in der Höhe, 0,91 in der Breite. Es ist also kleiner als
das athenische und das römische, bei dessen Restauration es als Vorlage gedient
hat. Früher war es in Rom in Villa Medici, noch früher, nach der Angabe des
Codex Pighianus, wo es unter no. 249 abgebildet ist, im Besitz des Cardinal
Della Valle. Visconti's, von Welcker a. a. O. wiederholte Angabe, dass bei diesem Exemplar die erste Figur fehle, ist irrtümlich. Nach Dr. Schöll's Untersuchung ist an der Figur rechts nur der Kopf, sehr ungeschickt, ergänzt, ferner
der linke Vorderarm, und der Daum und Handansatz der rechten Hand, an der
Figur links der rechte Arm soweit er nackt ist; am Stier das linke vorragende
Horn. Der Codex Pighianus giebt das Relief vollständig und bereits mit den Er-
gänzungen, mit Ausnahme des noch nicht ergänzten Vorderarms der vorderen
Figur. Auch ist der Kopf der selben nicht wie jetzt etwas rückwärts gewendet,
sondern mehr an face. — Visconti führt endlich mit bestimmten Worten ein
drittes, farnesisches Exemplar an, das jetzt weder in Neapel noch auch, wie es

die Wiederbolung lehrt, beliebt war, ist die der Kuh vorausgehende Figur im Gesammtmotiv ziemlich treu wiedergegeben. Doch ist die Bewegung des linken Armes verändert und auch das Gewand oberhalb anders, und zwar in den beiden Exemplaren auf etwas abweichende Art, arrangirt. Ausserdem hält die rechte Hand ein Thymiaterion, während bei dem Original ihre Bewegung wol keinesfalls auf diese Art motivirt war, und die Figur ist, wie ihre Genossin, flügellos. Dagegen ist die Nike links und die Kuh durchaus von der späteren Composition verschieden, auf welcher das Opferthier sich nicht in die Höhe bäumt, sondern mit gesenktem Kopfe vorwärts strebt, und die zurückhaltende Figur in der Bewegung der Beine und der Anordnung des Gewandes völlig anders ist. Auch hier fällt der Vergleich zu Gunsten des älteren Werkes aus, dem gegenüber die veränderten Motive des späteren etwas schwächlich und glatt erscheinen. Die an sich nicht ferne liegende Vermutung, dass diese Figur sammt dem mit gesenktem Kopfe vorstrebenden Opferthier gleichfalls auf die Darstellungen des Balustradenreliefs zurückgehe, d. h. auf einen nicht erhaltenen Theil der selben, wird durch zweierlei ausgeschlossen. Erstens scheint es ganz undenkbar, dass in dieser Darstellung mehr als das eine Opferthier vorkomme, die erlesene Kuh, deren Opferung am Altar der Athena-Nike das früher erwähnte Decret vorschreibt. Ferner verbietet dies der Raum. Die Langwand der Balustrade nahm 8,00 M. ein. Die Länge der einen vollständig erhaltenen Platte misst 1,25. Diese Platte enthält zwei Figuren und die Kuh. Für die Gesammtlänge sind demnach schwerlich mehr als

scheint, in London vorhanden ist. Es wäre allerdings möglich, dass Visconti das mediceische und farnesische Exemplar insofern verwechselt hätte, dass dies sonst nicht bekannte farnesische auf der rechten Seite unvollständig war. Es wäre ferner möglich, dass die von Montfaucon I, 2, 164 (3) nach einer Zeichnung von Lebrun gegebene Abbildung der linken den Stier an einem Seile zurückhaltenden Frau dies farnesische Exemplar sei. Aber es scheint mir ungleich wahrscheinlicher, dass Lebrun nur die linke Figur des mediceischen Reliefs gezeichnet (und in der Zeichnung restaurirt) hat, und dass eben diese unvollständige Publication Montfaucon's den Irrtum Visconti's veranlasst hat.

die etwa 20 Figuren vorauszusetzen, auf welche die verzeichneten
Fragmente für die selbe hinführen, ohne dass dabei eine Spur eines
zweiten Opferthieres vorhanden ist, wie überhaupt die bis jetzt
anfgefundenen und zusammengesetzten Bruchstücke keinen Grund
zur Annahme geben, dass die Composition mehr enthalten habe, als
die angegebenen Darstellungen, auf der Schmalseite Athena sitzend,
ihr gegenüber die hoch auftretende Nike; auf der Langseite wiederum
Athena, auf einem Schiffe sitzend, zuschauend, wie ihr Tropäon errichtet und das Opfer zu diesem herbeigeführt wird [1]). Also auch
hier ist der Gedanke, dass der Sieg mit Athena und Athen untrenn-
bar verbunden sei, auf das deutlichste ausgesprochen. Dass, wie
es den Anschein hat, Athena auf einem Schiffe sitzt, kann ganz allgemein auf die siegreiche Seeherrschaft der Athener gedeutet werden. Ob darin eine Hindeutung auf einen besonderen Sieg zur See
gegeben sei, kann ebenso wie die Möglichkeit einer specielleren
Beziehung der Schlachtendarstellungen des Frieses nicht ohne die
chronologischen und kunstgeschichtlichen Fragen nach dem Alter
des Tempels und seines Frieses und der Balustrade selbst zu be-
rühren, erörtert werden.

---

[1]) Es wird nicht uninteressant sein mit der einfachen und schönen Darstellung, wie sie jetzt aus den Fragmenten selbst erkannt wird, die Worte zu vergleichen, welche eben die selben Fragmente Beulé eingegeben haben, L'acropole
d'Athénes I p. 260 »les Victoires qui s'envolent, arrivent, se posent sur l'Acropole,
délient leurs sandales, sont levées, sont assises, tendent des couronnes, repré-
sentent-elles un seul mythe, une seule action? Ou bien accourent-elles des diffé-
rents points du monde et viennent-elles se ranger autour de la grande Victoire,
de Minerve, dont elles sont les messagères? Quand le peuple athénien monte
l'escalier des Propylées, lui disent-elles par leur pose allégorique, par des in-
scriptions, ou par la seule force de la tradition: ,,Je suis Marathon, je suis Sala-
mine, je suis l'Eurymédon; je viens de Thrace, je viens de Lesbos, je viens de
Sphactérie.'' Flatteurs muets, que l'on imitait moins éloquemment à la tribune
du Pnyx.«

V.

Ueber die Terrasse des Tempels der Athena - Nike, über die Zeit des Tempels selbst, seines Frieses und der Balustrade sind die widersprechendsten Ansichten aufgestellt worden [1]). Es soll in den folgenden Bemerkungen der sachverständigen und endgültigen Entscheidung der Architekten in keiner Weise vorgegriffen, sondern es sollen nur die Punkte hervorgehoben werden, welche sich in diesem Zusammenhange nicht umgehen liessen und zum Theil ihre Erledigung noch nicht gefunden haben.

Es ist allgemein anerkannt, dass Kimon die Südseite der Burg neu befestigt hat [2]). Man pflegt zumeist in dieser Befestigung die Bastion des Niketempels in ihrer jetzigen Gestalt ohne weiteres einzubegreifen. Aber es ist einleuchtend, dass sie in dieser jetzigen Gestalt zwar an den Typus einer den Eingang beherrschenden Bastion, als charakteristisch für diese Stelle, deutlich erinnert, dagegen durch die Position des Tempels für die ernstliche Abwehr eines Angriffs durchaus ungeeignet ist. Es scheint daraus mit Notwendigkeit

---

1) Es genügt auf die Erörterungen von Bursian, Rh. Mus. N. F. (1856) p. 508 — 614, Griech. Geographie I p. 306 f., Griech. Kunstgesch. (Ersch nnd Gruber Bd. 82) p. 425. 429 f., Michaelis, Arch. Zeitung 1862 p. 249—267, und Bötticher, Philol. XXI (1864) p. 41 — 72 (mit Plan) zu verweisen, womit die Aufnahme R. Schöne's auf unserer Tafel IV und dessen Erläuterung der selben zu vergleichen ist.

2) Plutarch. Cim. 13. Πραθέντων δὲ τῶν αἰχμαλώτων λαφύρων εἴς τε τὰ ἄλλα χρήμασιν ὁ δῆμος ἐρρώσθη καὶ τῇ ἀκροπόλει τὸ νότιον τεῖχος κατεσκεύασεν ἀπ' ἐκείνης εὐπορήσας τῆς στρατείας. Cornel. Nep. Cim. 2. Pausan. I, 28, 3.

3 *

zu folgen, entweder dass ein Tempel früher nicht vorhanden war, oder
es musste die Bastion eine Form und Ausdehnung haben, mit welcher die Existenz des vorhandenen Tempels oder eines andern Heiligtums an der selben Stelle, trotz des fortificatorischen Zwecks,
verträglich war. Die erstere Annahme würde durch die Voraussetzung des Tempels in dem Plane der Propyläen nicht ausgeschlossen werden. Es ist sehr wohl denkbar, dass bei dem Plane der
Propyläen Rücksicht auf einen an dieser Stelle zu erbauenden Tempel genommen wurde. Aber es ist aus anderen Gründen nicht wahrscheinlich, dass hier erst nach Kimon zum ersten male ein Tempel
errichtet worden sei. Dass der Cult der Athena-Nike in enger Verbindung mit dem der Polias stehe, dass er sehr alt scheine, dass er
sich an ein altes Schnitzbild anschliesse, ist früher erörtert worden.
Auch wenn wir ganz davon absehen wollen, dass er an dieser Stelle
eine besondere Bedeutung gewinnt, so wird die Voraussetzung,
dass ein alter Cult von einer Stelle nach einer andern übertragen
worden sei, stets unwahrscheinlich bleiben, wenn nicht dafür die
unzweifelhaftesten Beweise gegeben werden können. Aber wenn
auch die polygone Mauer, welche das Plateau östlich begränzt, nicht
zur Stützung der Terrasse der Artemis Brauronia diente, sondern
eine freie Mauer war, worüber hier nicht abgeurteilt werden soll,
so ist nicht glaublich, dass sie die Gränze des eigentlichen Burg-
raums bezeichnete. Es ist sehr wohl denkbar, dass verschiedene
Umgränzungen zur möglichen Vertheidigung eines Rayons nach dem
andern angelegt waren; und bei dem Mangel anderer Spuren der
gleichzeitigen Befestigung scheint es nicht wahrscheinlich, dass über
die Bedeutung jener Mauer mit völliger Sicherheit geurteilt werden
könne. — Es kommt dazu, dass die Orientirung des Tempels selbst,
wie binnen kurzem Heinrich Nissen nachweisen wird, auf eine sehr
alte Gründung des Heiligtums deutet. Dann bleibt nur die Annahme,
dass die Bastion, so lange sie noch zu wirklicher Verteidigung bestimmt war, nach Westen und nach Norden beträchtlich weiter vor-
sprang. Es ist von Bötticher bemerkt worden, dass sich diese Frage

der Coupirung der Terrasse nur technisch entscheiden lasse, indem alsdann die Stossfugen auf die Stirnfläche der Mauer in schiefem Winkel laufen müssten; und bis dies beobachtet sei, scheint ihm die Coupirung unwahrscheinlich. Diese Behauptung soll natürlich nicht bestritten werden. Aber woher wissen wir, dass die Bastion, als sie verkleinert wurde, bereits die Porosquadermauern hatte, die wir jetzt sehen? — Bei der Gestaltung der Terrasse in ihrer jetzigen Form scheinen zwei Gesichtspunkte massgebend gewesen zu sein, eines Theils sie in Uebereinstimmung mit dem Aufgange zu den Propyläen und mit den Propyläen selbst zu bringen, dann aber dabei das Heiligtum selbst und den ihm zugehörenden Raum mit der Thymele nicht zu verkürzen. Die Terrasse ist so sehr beschränkt worden, als es dieser zweite Gesichtspunkt irgend zulässt. Nach allem dem scheint es das Natürlichste, dass die Bastion ihre jetzige, durch die Anlage des Propyläenaufgangs bestimmte Form bei dieser Anlage erhalten habe. Wie die Kimonische Bastion ausgesehen, wird sich im Einzelnen nicht nachweisen lassen, ebensowenig wie die vorkimonische. Aber wie die vorkimonische Befestigung auch gewesen sein mag, diese den Eingang beherrschende, auf den lebendigen Fels gegründete Bastion kann nicht erst von Kimon von Grund aus neu geschaffen worden sein. Sie muss von Anfang an, sammt ihrem Heiligtum, vorhanden gewesen sein und einen sehr wesentlichen Theil der eigentlichen Burgbefestigung gebildet haben.

Es fragt sich, ob der Neubau des Tempels in die Zeit Kimon's oder in die Zeit der perikleischen Bauten zu setzen sei. Die Ueberlieferung belehrt uns nicht darüber. Die Friesssculpturen würden die zweite der beiden Annahmen empfehlen, wenn der architektonische Charakter des Tempels dieses gestattet. Er gilt mit dem durch Stuart bekannten Tempel am Ilissus als eines der ältesten Beispiele der attisch-ionischen Weise[1]). Aber z. B. das charakteristische Merkmal,

---

1) Semper, Der Stil II p. 160.

dass »die der älteren Bildung angehörenden Kapitelle des Niketempels eben so wie die vom Tempel am Ilissus keinen durch Anthemion ausgesprochenen Hals haben «[1] wiederholt sich am ionischen Kapitell der Propyläen [2], auf dessen Verwandtschaft mit dem Kapitell des Tempels am Ilissus Penrose hinweist[3]). Es ist ferner wol nicht unwichtig, dass es sich bei diesem Tempel nicht um eine neue Gründung handelte, sondern um die Erneuerung des früheren Heiligtums. Doch es ist Sache der Architekten, es zum Austrag zu bringen, ob der Tempel in dieser Weise in perikleischer Zeit gebaut werden konnte oder nicht. Aber wenn ihr Urteil dahin ausfällt, dass der Bau früher sein müsse, so wird die Annahme notwendig, dass der Fries damals nicht vollendet, sondern erst später zugefügt worden sei. Es scheint mir undenkbar, dass der Fries, der in seinen Kämpfen die deutlichste Verwandtschaft mit dem phigalischen Fries zeigt, und in dessen östlicher Seite sich nicht sowohl altertümliche Einfachheit als vielmehr die etwas matte Wiederholung der bereits geläufig gewordenen Motive verrät, vor Phidias fallen könne. Es scheint mir, um dies hier vorweg zu nehmen, noch undenkbarer, dass die Balustradenreliefs mit der Anlage der Propyläen gleichzeitig sein könnten. Es ist zur Rechtfertigung dieser Ansetzungen daran erinnert worden, dass sich zu manchen Zeiten die Kunstentwicklung weit rascher vollziehe als sonst, und man hat zum Vergleich auf den Anfang des sechzehnten Jahrhunderts hingewiesen [4]. Es scheint

---

1) Bötticher, Tektonik II p. 27.

2) Förster's Bauzeitung 1841 Blatt 391. Fig. 12—15. p.122 (Hoffer), p.116 (Schöll). Penrose pl. 32.

3) Penrose p. 64. Vgl. Stuart I chap. II pl. 1—8.

4) Michaelis a. a. O. p. 263. Das Resultat seiner Untersuchung fasst Michaelis p. 267 in folgenden Worten zusammen: »Als feststehend betrachte ich nach meinen Erörterungen die Erbauung des Niketempels vor 437 v. Chr., und den westlichen Abschluss des südlichen Propyläenflügels bei der Ante und der dritten Säule [vgl. Bötticher Philol. a. a. O. und die Erläuterung der Aufnahme von R. Schöne]; als sehr wahrscheinlich die Entstehung des Niketempels unter Kimon; als nicht unmöglich die Errichtung der Balustrade im Zusammenhange des mnesikleischen Propyläenbaus «.

mir dabei eine sehr richtige Bemerkung falsch angewendet. Das Wunderbare in jener raschen Kunstentwicklung liegt doch darin, wie sehr ein Lionardo seiner Zeit vorauseilt; das Merkwürdige, wie noch nach Rafael gemalt wird, als ob seine Werke nicht existirten. Aber nimmermehr sind die grossen Meister hinter ihrer Zeit zurückgeblieben. Sollen wir dem Fries des Niketempels zulieb annehmen, dass vor Phidias andere Künstler bereits in einer Weise zu arbeiten verstanden, die, um möglich zu sein, seine künstlerischen Thaten, seinen unermesslichen Fortschritt gegen alles frühere, die Kenntniss seiner Werke zur Voraussetzung hat? Sollen wir wegen der Balustradenreliefs annehmen, dass Phidias für seine Zeitgenossen nur durch den Ideenreichthum, durch die Erhabenheit und einfache Schönheit seiner Werke unerreichbar war, nicht aber zugleich dadurch, dass er das äusserste des künstlerischen Wissens und Könnens, das seiner Zeit denkbar war, zum ersten male und in unvergleichlich höherem Maasse als jeder andere in sich vereinigt hätte? Sollen wir glauben, dass er noch zu seinen Lebzeiten, nicht durch Kunstwerke von vollkommenerer Schönheit und edlerer Wirkung, aber durch glänzendere Kunstmittel, durch rauschendere, effektvollere Compositionen, durch Raffinement und bewusste Grazie in der Darstellung der Bewegungen und der Gewänder überholt worden sei?

Wenn der Fries nicht in kimonische Zeit gehört, so fällt damit jeder Grund weg, seinen Gegenstand in den kimonischen Siegen zu suchen. Die Vermutung Overbeck's [1]), dass die drei Seiten eine einzige Schlacht darstellen, und zwar die von Platää, in welcher die Böoter auf Seiten der Perser fochten, bleibt auch bei der oben vorgeschlagenen Anordnung der Friesplatten wahrscheinlich. Aber es fehlt noch die Erklärung des an einem Baumstamme aufgehängten Schildes, von dem ich nicht weiss, ob er etwa auf den als Weihgeschenk nach der Schlacht von Platää geweihten goldenen Schild

---

[1]) Zeitschrift für Alterthumswissenschaft 1857 No. 37 p. 289—293.

in Delphi irgend einen Bezug haben könne [1]); und eine sichere Entscheidung wird vermutlich nur die Auffindung neuer Stücke der
Nordseite gewähren können, deren Composition bis jetzt noch rätselhaft ist.

Die Balustrade, welche in ihrer Anlage die kleine Seitentreppe
als vorhanden voraussetzt, daher die Vermutung nahe liegt, dass
beide zugleich entstanden seien, ist wiederum beträchtlich jünger
als der Tempelfries. Der Ansatz Overbecks [2]) gegen das Ende der
neunziger Olympiaden, etwa den Jahren 390—380 v. Chr., scheint
mir nur wenig zu spät und die Epoche richtig zu bezeichnen. Der
Anlass zur Errichtung der Balustrade konnte natürlich sehr verschieden sein. Es sei gestattet, eine Vermutung zu äussern. Wenn
die Bemerkung richtig ist, dass Athene auf einem Schiffe sitzt, so
wird dadurch die Beziehung auf einen besonderen Seesieg nicht
notwendig, aber wahrscheinlich.

Am Feste der Plynterien, im ersten Jahre der 93. Olympiade
(407 v. Chr.), unter dem Archon Euktemon betrat Alkibiades zum
ersten male wieder den Boden Attika's [3]). Alles frühere Unrecht und
Unheil war vergessen. Nach den grossen Siegen von Abydos und
Kyzikos und der Eroberung von Byzanz zog er im Triumph in seine
Vaterstadt ein [4]). Die Sonne des Glücks schien wieder über Athen

---

1) Aeschin. in Ctes. p. 70 (116) .... ζημιῶσαι τὸν δῆμον τῶν Ἀθηναίων,
ὅτι χρυσᾶς ἀσπίδας ἀνέθηκε πρὸς τὸν καινὸν νεὼν πρὶν ἐξαράσασθαι καὶ ἐπε-
γράψαμεν τὸ προςῆκον ἐπίγραμμα »Ἀθηναῖοι ἀπὸ Μήδων καὶ Θηβαίων ὅτε
τάναντία τοῖς Ἕλλησιν ἐμάχοντο«.

2) Overbeck, Die archäol. Sammlung zu Leipzig p. 11 No. 37. Vgl. Gesch.
der Plastik I p. 286 f.

3) Emil Müller, De Xenophontis hist. graec. (Leipzig 1856) p. 30 ff. So
jetzt auch Schäfer, Tabellen (11. Aufl.) p. 12.

4) Vgl. Xenophon. Hell. I, 4. Plutarch. Alcib. 32. ὁ δὲ Ἀλκιβιάδης ἰδεῖν
τε ποθῶν ἤδη τὰ οἴκοι καὶ ἔτι μᾶλλον ὀφθῆναι βουλόμενος τοῖς πολίταις νενι-
κηκὼς τοὺς πολεμίους τοσαυτάκις ἀνήχθη, πολλαῖς μὲν ἀσπίσι καὶ λαφύροις κύ-
κλῳ κεκοσμημένων τῶν Ἀττικῶν τριήρων, πολλὰς δ' ἐφελκόμενος αἰχμαλώτους,
ἔτι δὲ πλείω κομίζων ἀκροστόλια τῶν διαφθαρμένων ὑπ' αὐτοῦ καὶ κεκρατη-
μένων. ἦσαν γὰρ οὐκ ἐλάττους συναμφότεραι διακοσίων und das folgende.

aufzugeben; die versiechten Hilfsquellen flossen von neuem [1]). Es scheint mir sehr wohl denkbar, dass der neue Schmuck des der Siegesstadtgöttin geweihten Bezirks durch die Balustrade jener Siegesstimmung seinen Ursprung verdankt; dass die auf dem Schiffe sitzende Athena auf den Schutz der Göttin in der Seeschlacht von Abydos hinweist; dass die Reliefs der Balustrade die Verherrlichung der Athena zum Dank für diese Siege des Alkibiades darstellen sollen.

Justin. V, 4 .... hunc (Alcibiadem) quasi de caelo missum, et ut ipsam Victoriam contuentur.

[1]) E. Curtius, Gr. Gesch. II p. 623 f.

Anhang.

Erläuterung des Planes der Terrasse des Athena-Niketempels

von

Richard Schöne.

Den beigegebenen Plan der Terrasse des Niketempels bis zum Südflügel der Propyläen [Taf. IIII] hat der Architekt Herr P. Laspeyres die Freundlichkeit gehabt, nach einer von mir gemachten Aufnahme mit Benutzung der Schaubert-Hansen'schen Publication zu zeichnen.

Eine so wichtige und so schwierige Frage, wie die nach der ursprünglichen Gestaltung des südlichen Propyläenflügels, kann meine Absicht nicht sein erledigen zu wollen. Wir müssen hoffen, dass es Professor Bötticher vergönnt sein möge, die auch für dieses Problem begonnenen Arbeiten an Ort und Stelle wieder aufzunehmen. Der vorliegende Plan hat keinen anderen Zweck, als einige Thatsachen zu veranschaulichen, welche für die Beurteilung der in Rede stehenden Bauten, insbesondere der Ausdehnung des Tempelgebietes, von Wichtigkeit sind.

Von dem Altar, den Bötticher in seiner Abhandlung über die Thymele des Niketempels, Philologus XXI 42 ff., vor dem Tempel annahm, sind die sicheren Spuren der Basis noch vorhanden. An der Stirnseite der untersten Tempelstufe ist die Lehre für den Ansatz einer Platte erkennbar, welche eine Breite von ca. 4,25 M. haben

und 0,21 über das Pflaster vor dem Tempel sich erheben sollte.
Drei Marmorplatten, welche hier erhalten sind, zeigen gleichfalls
Spuren der Altarbasis: auf der kleinsten einzeln liegenden setzt sich
die Lehre für die selbe in der Richtung der Tempelaxe fort; die beiden grösseren schneiden nach Süden mit der an den Tempelstufen
erhaltenen Lehre ab; dagegen ist auf ihnen M. 1,65 von der Tempelstufe mit dieser parallel eine Lehre erkennbar, welche vermutlich die ursprüngliche Grösse der Altarbasis bezeichnet, wie sie auf
dem Plane mit einer punktirten Linie angegeben ist. Es ist jedoch
zu bemerken, dass die beiden grossen Platten nicht in dem selben
Niveau mit der kleineren liegen: während diese ohne Zweifel die
Höhe der alten Täfelung dieses Platzes bezeichnet, über welche die
Unterlage der untersten Tempelstufe 0,09 hervorragt, erreichen die
beiden grösseren Platten nahezu die Höhe der für die Altarbasis
vorgezeichneten Lehre. Ob diese Verschiedenheit ursprünglich ist,
also die beiden grösseren Platten vielleicht schon selbst zu der
Altarbasis gehört haben, wusste ich nicht festzustellen. Sollte das
letztere der Fall sein, so würde man die erwähnte, der Tempelfaçade parallel laufende Lehre auf diesen Platten für die einer zweiten Stufe der Altarbasis zu halten haben. Dass die Platten in hori-
zontaler Richtung ihre Lage nicht verändert haben, geht aus dem
genauen Zusammentreffen mit der Lehre an der Tempelstufe hervor.

Weiterhin kann ich das Vorhandensein der von Michaelis bereits
in dem Plan der Akropolis hinter Jahn's Ausgabe von Pausanias'
Beschreibung der Burg angedeuteten und später, Arch. Zeit. 1862
Taf. 162 S. 261 genauer angegebenen Marmorplatten, welche an das
Porosfundament des Propyläenflügels stossen, lediglich bestätigen.
Sie sind auf dem Plan sorgfältig verzeichnet und bilden ohne Frage
ein Ueberbleibsel von der Pflasterung vor dem Tempel. Dass sie
unverrückt an ihrer ursprünglichen Stelle liegen, zeigt schon ihre
Fügung, noch mehr der Umstand, dass sie mit der Tempelfaçade
genau parallel sind: mit einem Compass, der wenigstens halbe
Grade noch mit voller Deutlichkeit erkennen lässt, war keine Diffe-

renz der Richtung zwischen diesen Platten und dem Tempel zu
finden. Die selben sind von besonderer Bedeutung, weil man an
dieser Stelle den Propyläenflügel schwerlich wird weiter als bis
zum Ansatz dieser Platten ausdehnen dürfen, auf denen sich keine
Spur irgend einer Gründung findet. Es stimmt dazu durchaus, dass
die Marmorblöcke A—B auf der Stirnfläche einen schwachen Werk-
zoll haben und nicht als Stossflächen bearbeitet sind; dagegen hat
schon Bötticher ausser Zweifel gestellt, dass die verticalen Flächen CD,
G F, K H allerdings Stossflächen sind und beweisen, dass der Sty-
lobat, auf dem die drei erhaltenen Säulen standen, wie auch
Schaubert und Hansen annahmen, sich nach Westen noch über den
Block P hinaus fortsetzte. Rätselhaft bleibt ein kleiner Block von
hymettischem Marmor, der zu Seiten des Marmorpflasters erhalten
ist. Ob er nicht vielleicht erst neuerdings hier eingelassen worden,
weiss ich nicht zu entscheiden.

Eine weitere wichtige Frage ist die nach dem Alter der kleinen von dem Aufgang zu den Propyläen nach der Tempelterrasse
führenden Treppe; sie ist bekanntlich von Michaelis ebenso bestimmt
für antik, wie von Bursian (Rhein. Mus. N. F. X 513) und Bötticher für eine Zutbat aus christlicher Zeit erklärt worden. An der
Treppe selbst ist mir eine Art der Arbeit, die in die Erbauungs-
zeit des Niketempels nicht passte, nicht aufgefallen; indess das
kann mir leicht entgangen sein. Dagegen scheint mir ein bereits von
Michaelis hervorgehobener Umstand von seinen Gegnern nicht, wie
er sollte, berücksichtigt, der Gang der Balustrade nämlich, welche
an der Treppe mit ihr parallel im rechten Winkel umbiegt. Wie weit
sie hier sich fortsetzte, weiss ich nicht zu sagen; an den Tempelstufen ist keine Lehre für ihren Ansatz, auch hat sich ein Schlussstück
gefunden (p. 21 No. 1). Das Knie aber, welches die Balustrade bildete,
ist nicht nur durch die in dem Gesimsblocke erhaltene Lehre ihres
Aufsatzes, sondern jetzt auch durch die Auffindung des unzweifel-
haften Eckstückes völlig sicher gestellt. Man fragt notwendig, welchen

Grund man haben konnte, diese Balustrade nicht bis zu dem Pfeiler
V fortzusetzen, sondern sie an der bezeichneten Stelle umzubrechen,
und zwar so, dass sie im schiefen Winkel auf den Tempel zulief,
wenn die Treppe nicht existirte und der Tempelplatz seinen ein-
zigen Zugang durch den Propyläenflügel hatte. In der That hat
Bötticher das erstere angenommen (S. 52) und in seinem Plane die
Lehre der Balustrade bis zu jenem Pfeiler über die Treppe hin fort-
gesetzt; dass dies indess nicht angenommen werden kann, ist durch
die angegebenen Spuren ausser Zweifel gestellt. Die Bearbeitung
des Kymationblockes, auf welchem die Balustrade ruhte, auf
seiner Durchschnittsfläche, welche Bötticher als Beweis für eine
einstige Fortsetzung dieses Gesimses nach Osten geltend macht,
ist allerdings derjenigen sehr ähnlich, welche man den Stossflächen
zu geben pflegte; ich glaubte jedoch hier keine Stossfläche erkennen
zu dürfen, weil die selbe Bearbeitung bei dem Kymation selbst und
dem Abacus auf der Aussenseite wiederkehrt. Ein Gypsabdruck des
Eckstücks, den ich habe machen lassen, ist leider augenblicklich nicht
in meinen Händen, und so bescheide ich mich billig, einem Sachverständigen wie Bötticher gegenüber, über diesen Punkt mein Urteil zurückhalten zu müssen. Nur die Frage sei noch aufgeworfen,
ob die Existenz der Treppe und ein Zugang zum Tempel durch den
südlichen Propyläenflügel sich notwendig gegenseitig ausschliessen?
Konnte nicht für den Opferzug jener weitere und angemessenere
Weg vorbehalten bleiben, durch die Treppe aber zugleich ein nähe-
rer Zugang zum Tempel für den gewöhnlichen Gebrauch eröffnet
sein? Aus Pausanias ist leider nichts zu schliessen; er erwähnt den
Niketempel allerdings, ehe er die Propyläen betritt, aber ohne nä-
here Angaben, die darauf deuteten, dass er ihn sogleich besucht
habe. Die Bemerkung, dass man das Meer vom Tempel aus sehen
kann, beweist dafür nicht.

Zur Erläuterung des Planes sei noch bemerkt, dass alle Bau-
reste, denen nicht ein anderes Material beigeschrieben ist, aus pentelischem Marmor bestehen. P bezeichnet die Lehre für eine Säule,

O eine Vertiefung, innerhalb deren ein Pfeiler oder irgend ein anderes Bauglied von rechteckiger Form gestanden, haben muss. Da ein kleiner Canal zum Abfluss des in der Vertiefung sich etwa sammelnden Wassers angebracht ist, wird man schliessen dürfen, dass diese Stelle dem Regen ausgesetzt gewesen sei.